FRODO
NEO
TAXI
JAY-G
HIPH
MUZI
CON
JAY-G

APEACH
WANTED
PEAC
RYAN
Hello
TUBE
PEACE

역사문화

GOGO 카카오 프렌즈 34

글 김미영 그림 김정한

핀란드

FINLAND

아울북 × KAKAO FRIENDS

카카오프렌즈

카카오프렌즈는 저마다의 개성과 인간적인 매력을 지닌
라이언, 무지, 어피치, 프로도, 네오, 튜브, 콘, 제이지 총 8명의 캐릭터가 함께합니다.
서로 다른 성격에 하나씩 콤플렉스를 가지고 있는 여덟 가지 캐릭터는
독특하면서도 우리 주변에서 쉽게 볼 수 있는 사람들의 모습을 그대로 반영해
많은 사랑을 받고 있습니다.
카카오프렌즈의 위트 넘치는 표정과 행동은 폭넓은 공감대를 형성하고
유쾌한 웃음을 선사합니다.

라이언 RYAN

갈기가 없는 수사자 라이언.
덩치가 크고 표정이 무뚝뚝하지만 여리고 섬세한 소녀 감성을 지닌 반전 매력의 소유자.
원래 아프리카 둥둥섬 왕위 계승자였으나, 자유로운 삶을 동경해 탈출!
카카오프렌즈의 든든한 조언자 역할을 하고 있다.

튜브 TUBE

겁이 많고 마음 약한 오리 튜브는 작은 발이 콤플렉스여서 오리발을 착용한다.
미운오리새끼의 먼 '친척뻘'이다.
극도의 공포를 느끼거나 화가 나면 입에서 불을 뿜으며 밥상을 뒤엎기도 하니 조심해야 한다.

어피치 APEACH

유전자변이로 자웅동주가 된 것을 알고 복숭아 나무에서 탈출한 악동 복숭아 어피치!
애교 넘치는 표정과 행동으로 '귀요미' 역할을 한다.
섹시한 뒷모습으로 사람들을 매혹시키지만 성격이 매우 급하고 과격하다.

네오 NEO

자기 자신을 가장 사랑하는 새침한 고양이 네오는 쇼핑을 좋아하는 패셔니스타! 하지만 도도한 자신감의 근원이 단발머리 '가발'이라는 건 비밀!
공식 연인 프로도와 아옹다옹하는 모습이 사랑스럽다.

프로도 FRODO

잡종견이라는 태생적 콤플렉스를 가진 부잣집 도시개 프로도.
네오와 공식 커플로 알콩달콩 애정공세를 펼친다.

무지 MUZI

호기심 많고 장난기 가득한 무지의 정체는 사실 토끼 옷을 입은 단무지. 토끼 옷을 벗으면 부끄러움을 많이 탄다.

콘 CON

악어를 닮은 정체불명의 콘은 가장 미스터리한 캐릭터이다.
알고 보면 무지를 키운 능력자이기도 하다.

제이지 JAY-G

땅속나라 고향에 대한 향수병이 있는 비밀 요원 제이지!
선글라스와 뽀글뽀글한 머리가 인상적이며 힙합가수 JAY-Z의 열혈 팬이다.
냉철해 보이는 겉모습과 달리 알고 보면 외로움을 많이 타는 여린 감수성의 소유자다.

기타 등장 인물

이프

'만약에 내 마음대로 역사를 바꿀 수 있다면
세계 정복도 가능하겠지?'
히스토리 뱅크에서 퍼즐을 훔쳐
세계 정복을 꿈꾸는 악당.
때로는 카카오프렌즈에게 도움을 받기도 하지만
한 번도 고마워한 적은 없다.

이브

이프의 쌍둥이 여동생으로 이프의 뒤를 쫓다가
시간문의 존재를 알게 되었다.
처음에는 퍼즐에 관심이 없었지만
퍼즐의 힘을 알게 되자 퍼즐에 욕심이 생긴다.

이프고

시간문을 열 수 있는 인공지능 프로그램.
카카고와 같은 천재 박사가 만든 것으로 알려졌다.
세계 정복을 꿈꾸는 이프를 돕는다.

카카고

비밀에 싸인 천재 박사가 만든 인공지능 프로그램.
시간문을 열고 미래 예측 프로그램을 통해
카카오프렌즈의 모험을 돕는다.
학습형 프로그램이라 아직은 완벽하지 않지만
점점 진화하고 있다.

차례

GOGO 카카오프렌즈 줄거리

동남아시아 세 번째 여행지인 필리핀으로 간 카카오프렌즈! 필리핀은 오랜 세월 스페인과 미국의 지배를 받고 일본에도 점령당했지만 끊임없는 투쟁으로 독립을 이룬 나라야. 필리핀 최초로 외세의 침략에 맞서 싸운 막탄 전투 현장에 갔고 필리핀의 독립 영웅 호세 리살과 보니파시오, 아기날도의 이야기도 만나 봤어. 동양의 진주라 불리는 필리핀의 수도 마닐라와 중세 스페인의 향기가 나는 도시 비간에도 다녀왔지. 휴양지로 유명한 세부와 보홀에 숨은 필리핀의 역사를 알고, 보홀에서만 만날 수 있는 원숭이 타르시어도 봤어. 이번에 카카오프렌즈가 떠날 나라는 산타클로스 마을로 유명한 핀란드야. 카카오프렌즈는 핀란드에서도 무사히 퍼즐을 저장할 수 있을까? 그럼 세계에서 가장 행복한 나라 핀란드로 가 보자!

1장

몸과 마음을 씻으러 Go Go!

벌떡
뭐가 어쩌고 어째?
퍼즐을 계속 뺏기는데 웃음이 나오냐고?
버럭
그렇다고 우리한테 화를 내?
아, 아니 두 분이 웃어서 화를 낸 게 아니라

퍼즐 저장하는 일에 저만 진심인 것 같아서 그래요.
이게 다 두 분을 위한 일인데…
툴툴

무슨 소리야! 우리도 진지해!
맞아. 열심히 하고 있잖아.
아니요!
단호
척

처음의 두 분은 세계를 정복하겠다는 야망으로 활활 불타올랐는데
와아
와~
지금은 눈빛이 흐리멍덩하다고요!
아, 네 눈빛은 그러네.
너도 그래.

지쳐서 그래,
지쳐서.
우린 지금까지
퍼즐 찾느라 쉼 없이
달려왔잖아.
하아~
풀썩~
그래.
인간은 너와 다르게
휴식이 필요하다고.
쩝
쩝

하지만
두 분의 체력은 아직
남아 있는데요?

체력을
말하는 게
아니야.
마음의 에너지가
바닥났다는
느낌이랄까…
후유~
응. 의욕이
떨어졌어.

우리에겐 체력 말고도
마음의 충전이
필요하다고~
무기력~
우울
?
인간에겐
배터리가
2개인가?
엇!
삑
삐익

그럼 핀란드에서
사우나 하시는 건
어때요?
사우나?
스윽
목욕탕에서
찜질하면서
땀 빼는 거?

핀란드에서
사우나는 단순한
목욕탕이 아니라
몸과 마음을
씻으며 자신만의
평화를 즐기는
신성한 공간으로
여겨지죠.
평화롭다~
하아~

네. 사우나는
원래 뜨거운 증기와
열기를 이용한
쪼르륵~
핀란드식
목욕을
말하는데
치이익

그래!
우리에게 필요한 게
바로 그거야!
몸과 마음의
평화!
이프고!
당장 사우나로
시간문 열어!
네!
후다닥~

지잉~
화악
헉!
이 열기는…
뜨끈
뜨끈
멈칫!

사우나에 바로
시간문을 열었네.
목욕탕인데
남자, 여자 같이
들어가도 되나?
아무도 없긴
하지만.
주춤
주춤

핀란드의 사우나는
지역마다 이용법이 다양한데
그곳은 남녀가 함께
이용하는 사우나예요.
그러니까
거기서 퍼즐…
후유~
알았어!
퍼즐 생각은 잊고
쉬라는 거지?
아,
다른 사람
들어온다.
삐걱~
빼꼼~

으앗!
카카오프렌즈!
화들짝
너희가 여긴
왜 왔어?
왜 오긴!
퍼즐이
여기 있으니까
왔지!
후다닥~

이프고,
지금 여기에
퍼즐이 있어?
핀란드
러시아
스웨덴
네. 이번에
퍼즐을 찾을 나라가
핀란드거든요.
북유럽에 있는
핀란드는
7년 연속
세계에서 가장
행복한 나라 1위에
오른 나라죠.

우린
안 행복해!
사우나까지 와서
일이라니!
발끈!
하지만 핀란드에선
사우나에서 회의하며
일하기도 한다고요.
왜 저래?
다른 손님들이
없어서 다행이군.

좁은 공간이니까
금방 찾겠지?
나무 틈새
같은 곳도
잘 봐.
저 녀석들이
퍼즐을 찾는데
가만히 있을 수도
없고…

어쩔 수 없지.
우리도 찾자.
아니요.
안 움직여요.
이프고, 혹시
퍼즐이 움직여?
흔들~
흔들~

그런데
너무 더워…
후끈
후끈
헥
헥
대체 어디
있는 거야?
사우나의 온도를
좀 낮출 수는 없나?
저기
돌 쌓인 곳이
제일 뜨거워.

핀란드 사우나는
뜨겁게 달궈진 돌에
물을 부어서
습도와 온도를
조절해요.

얘들아, 여기
물이 있어!
아! 뜨거운 돌에
물을 부어서 식히면
온도가 낮아지겠다.
찰랑
찰랑

아니에요!
돌에 물을 뿌리면
수증기가 나오면서
사우나의 온도가
더 올라가요!
헉!
멈칫
스스스

하마터면
사우나 온도를
더 높일 뻔했어.
헉
더운데
설치지 말고
가만히 있어!
어두운 곳에선
퍼즐이 빛날 텐데
왜 안 보이지?
혹시 위에…

크헙!
왜, 왜 그래?
헉
헉
납작!!

후끈
후끈
위쪽 공기가
너무 뜨거워서
숨을 못 쉬겠어…
뜨거운 공기가
위로 올라가서
그런가 보네.
난
견딜 만한데.
헤헷~

으~
어지러워…
도저히
못 참겠다!
난 나갈래!
으악!
벌컥~
같이 가!
우리도
나갔다 오자!
후다닥~
먼저 갔다 와!

앗! 눈이다~
밖은 겨울이구나!
여긴
숲속에 있는
사우나였네.
근처에
호수도 있어요.
휴~
살 것 같다.
철푸덕~
후유~

숲과 호수가 많은
핀란드엔
호수 근처에
사우나가 있는 곳이
많은데
보통 여름에는
사우나를 즐기다
호수에 뛰어들어
열을 식히고

겨울엔 사우나와
얼음 호수를 오가며
사우나를
즐기죠.
열탕과 냉탕을
오가는 거구나.

이제 다시
사우나로 Go Go!
우리도
열을 식히자.
응!
후다닥~

인구가
약 550만 명인
핀란드에 약 330만 개의
사우나가 있을 만큼
핀란드인의 삶에
없어선 안 될 문화인
사우나는
2020년에 유네스코
인류무형문화유산이
됐어요.
치이익

그렇게
중요한 문화니까
퍼즐이 멈췄겠지.
그런데 왜
안 보이냐고!
어?
반짝

저 돌 속에서
뭔가 반짝이는 걸
본 것 같은데…
이글
이글

쭈욱
앗!
이브 행동이
수상해!
뭔가
발견했나 봐!
안 돼!
돌이 뜨거우니까
목걸이 저장 장치 줄을
길게 해서 던지면…
깜짝

이얍!
촤악
치이익~
꺄악!
우왓!
엄청난 수증기가!

퍼즐이
움직여요!
깜짝
역시
돌 더미 속에
있었구나!

저기 수증기
속에 있어!
스륵~

앗!
콱!
스르륵
프로도!
그쪽으로 간다!

점프!!
탓!
콱!

우왓!
깜짝
부웅~
턱!

어휴~
덥고 짜증 나!
붕~
이브가 손에
든 게 뭐지?
작은 나무
빗자루인가?
붕~
저런 게
왜 사우나에
있지?

비타예요!
자작나무 가지를
작게 묶은 건데
물에 적신 비타로
온몸을 가볍게 때리면서
마사지하는 게
핀란드 사우나의
전통 방식 중 하나죠.
툭!
툭!

이리 와!
마사지해 줄게!
탁!
아니,
내가 해 줄게!
탁!
그나저나 아까
돌 더미에 물을
왕창 부었더니

사우나 온도가
너무 올라갔어.
게다가 퍼즐은
위쪽에 있고.
너희
때문이야!!
헥
헥

너무 뜨거워서
일어나지
못하겠어…
후끈
후끈
안 되겠다.
일단 밖으로
나가자.

앗! 퍼즐도
너무 뜨거웠는지
아래로 내려온다!
스륵~
내가
저장을…
후다닥~

벌컥~
쏙!
와~ 온도가
딱 좋네!
그런데 왜
다들 바닥에…
헉!
화들짝
다른 손님들이
들어오면서 퍼즐이
밖으로 나갔어!

휴~
시원~

자작나무 숲으로
들어갔어요.
눈도
퍼즐도 하얀데
나무까지 하얘.
아…
이젠 너무 추워.
다시 사우나로…
덜
덜
덜
그냥 다른 퍼즐
있는 데로 가.

퍼즐은
어디 있지?
눈 때문에
구별이 안 돼.
두리번
두리번

핀란드 이야기

핀란드 국기

짧은 역사 속 강한 국가 경쟁력을 이룬 핀란드

러시아, 스웨덴, 노르웨이에 둘러싸여 있는 핀란드

노르웨이, 스웨덴, 덴마크, 아이슬란드와 함께 북유럽 노르딕 국가 중 하나인 핀란드는 75퍼센트의 삼림 지대와 약 19만 개의 호수, 약 18만 개의 섬으로 이루어진 나라야. 국토의 3분의 1이 북극권에 속해 있어서 여름에는 밤이 되어도 어두워지지 않는 백야 현상을 볼 수 있지. 동쪽으로는 러시아, 서쪽으로는 스웨덴, 북쪽으로는 노르웨이와 맞닿아 있어. 남쪽에는 에스토니아가 위치해 있지. 핀란드라는 국명은 13세기부터 사용했는데 '핀족의 땅'이라는 뜻이야. 국기는 하얀색 바탕에 청십자를 옆으로 배치한 형태로 하얀색은 겨울의 흰눈을, 파란색은 핀란드의 푸른 호수를 의미한대. 인구는 93퍼센트의 핀란드인과 6퍼센트의 스웨덴인으로 이루어져 있어. 핀란드는 12세기 초에 스웨덴에 정복되어 19세기 초까지 스웨덴의 지배를 받았어. 이후 러시아의 지배를 받다 1917년에 독립을 선언한 뒤 소련과의 전쟁을 거쳐 주권을 회복해. 핀란드는 역사가 비교적 짧은 국가지만 문화

분야에서 뛰어난 활약을 보였어. 의료 혜택과 실업 수당, 평생 무상 교육 등 사회 보장 제도도 질적으로 매우 높은 수준이지. 또한 국가 경쟁력도 상위권에 속하며 7년 동안 세계에서 가장 행복한 나라 1위를 차지했어.

사우나의 나라

겨울이 길고 매우 추운 핀란드에서 특별히 발전한 문화가 있는데 바로 사우나야. 핀란드의 템페레라는 도시는 세계에서 사우나가 가장 많은 곳이지. 사우나는 핀란드어로 목욕탕을 뜻해. 원래는 겨울의 추위를 피하기 위한 임시 거처였다가 점차 몸을 데우는 시설로 변했어. 전통적인 사우나는 80~100도의 온도를 유지하고 내부는 전부 나무로 되어 있어. 한쪽에서는 아궁이에 불을 지피고 돌을 달구지. 그 돌 위에 물을 뿌려 뜨거운 수증기를 발생시켜 사우나의 습도를 조절해. 약 5시간 정도 계속 불을 때면 2일 정도 고온을 유지한대. 사우나를 하면 땀이 나서 몸속의 노폐물이 빠지고 혈액 순환이 잘 되어 피로 회복에 좋다고 해. 핀란드 사람들은 주로 호수 가까이에 사우나를 만드는데 사우나를 하다가 호수에 뛰어들어 몸을 식히기를 반복해. 사우나를 하면서 자작나무의 잎 가지를 말린 '비타'로 몸을 두드리며 마사지도 하지. 또 우정과 존경의 의미로 사우나에 손님을 초대하기도 해. 이렇게 핀란드인의 정체성을 보여 주는 사우나 문화는 2020년 유네스코 인류무형문화유산으로 등재됐어.

사우나를 할 때 사용하는 비타

퀴즈 ❶ 핀란드를 비롯한 북극권에서 볼 수 있는, 여름에 밤이 되어도 어두워지지 않는 현상은?

2장
방황하는 퍼즐?

다른 퍼즐은
어디에 있어?
지잉~
후다닥~
핀란드의 수도인
헬싱키에 있어요.

아름답고
깨끗한 이미지여서
'발트해의 아가씨',
'북유럽의 흰 도시'
등의 별명으로
불리죠.
그리고 지금
가는 곳은 헬싱키의
인기 관광지인

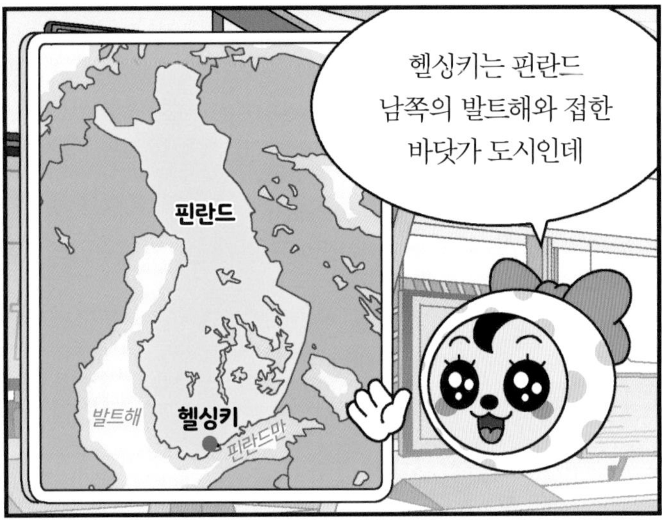
헬싱키는 핀란드
남쪽의 발트해와 접한
바닷가 도시인데
핀란드
발트해
헬싱키
핀란드만

루터란
대성당이에요!
루터교의 대성당인
그곳은 19세기에
지어진 건물로
우아~
헬싱키의 이미지처럼
아름답고 깨끗한
건물이다!
흔히
헬싱키 대성당이라
불러요.

퍼즐이
이 성당에
있는 거야?
아니요.
퍼즐은 지금
사우나 중이에요.
또
사우나?
멈칫!

그럼 왜
여길 온 거야?
당장 퍼즐이 있는
사우나로 시간문을…
우물
쭈물
그건
곤란해요.

대관람차의
사우나에
있거든요.
뭐?
대관람차에
사우나가
있다고?
깜짝
혹시 저기 멀리
건물들 사이로 보이는
대관람차에 있어?

네. 그 대관람차가
세계 최초의 유일한
사우나 대관람차인
스카이휠 헬싱키예요.
관람차 중
한 곳에 사우나가
갖춰져 있죠.
아! 저기
관람차 중에
색깔이 다른 게
하나 있어!

관람차에서도
사우나라니.
핀란드는
사우나에
진심이구나.
그런데
사우나 하고 나니까
쌓인 피로가 확
풀린 것 같아.
나도!
몸이 가볍고
개운해.
끄응~
헤헷~

핀란드엔
'사우나는 가난한
사람들의 약국이다'란
속담도 있죠.

아! 지금 퍼즐이
사우나를 끝내고
성당 쪽으로 가요.
그래?
깜짝

성당 아래에 있는
원로원 광장 쪽에서
올지도 몰라요.
퍼즐은
위쪽에서
오겠지?
가위
바위~
지는 사람이
내려가기!
응!
그럼 너흰
여기서 기다려.
우린 아래쪽에서
기다릴게.
후다닥~

저기가 원로원
광장이라고?
네. 19세기 초
당시 러시아 황제였던
알렉산드르 1세의
명령으로 만들어진
광장이죠.
갑자기 왜
러시아 황제가
핀란드에 광장을
만들어?

핀란드는
1809년부터 1917년까지
러시아의 지배를
받았거든요.
아!
원로원
광장
우스펜스키
대성당
스카이휠
헬싱키

지금 퍼즐이 지나고 있는
우스펜스키 대성당도
러시아 문화의 영향을
받은 건축물이죠.

그럼 저기 광장
한복판에 있는 동상이
알렉산드르 1세야?
아니요. 그 동상은
알렉산드르 2세예요.
엥? 왜 광장을 만든
황제가 아니라 다른 황제
동상을 세웠지?

알렉산드르 2세는
핀란드 의회와
핀란드 언어를
인정해 주는 등
핀란드에 비교적
자유롭고 관대한
정책을 펼쳤거든요.
그래서
알렉산드르 2세가
사망한 후
핀란드 의회에서
동상을 세운 거죠.

앗! 지금 퍼즐이
헬싱키 대성당에
왔어요.
두리번
어디?
어디?
두리번
여러분 왼쪽에서
접근해요!
하늘에서
온다!
스륵~
후다닥~

건물 뒤로
가서 안 보여!
헬싱키 대성당에
멈췄어요!
멈췄다고?
그럼 성당 안에
들어간 건가?
아니야! 성당에
안 들어갔어!
위에!

옥색의 둥근
지붕에 있어!
이런…
퍼즐이 다시
움직일 때까지
기다려야겠군.
반짝
반짝

카카고, 퍼즐이 다음엔
어디로 갈 것 같아?
다다다다

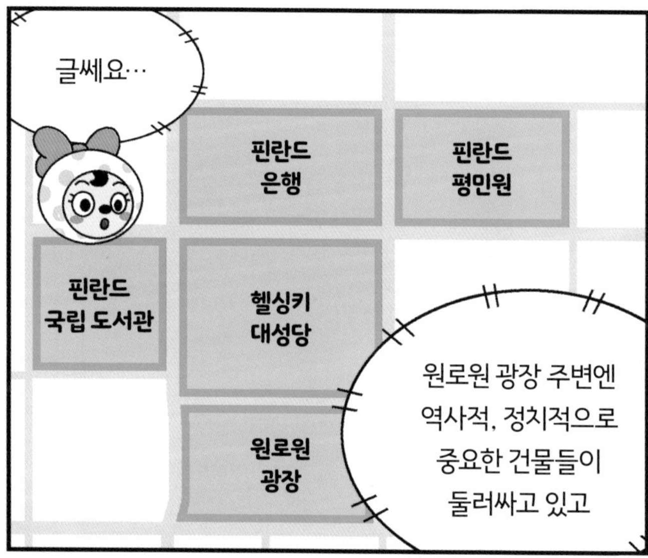
글쎄요…
핀란드
은행
핀란드
평민원
핀란드
국립 도서관
헬싱키
대성당
원로원
광장
원로원 광장 주변엔
역사적, 정치적으로
중요한 건물들이
둘러싸고 있고

광장과 조금 떨어진 곳엔
거대한 암석을 깎아 만든
템펠리아우키오 교회나
겉모습은 독특하고
예배당 안에선 침묵해야
하는 캄피 교회 등
명소가 많아서
어디로 갈지
모르겠어요.
템펠리아우키오
교회
캄피 교회
헬싱키 대성당

그럼 언제든
시간문 열 수 있게
문 있는 쪽으로…
앗, 퍼즐이
움직여요!
어디로
가는데?
원로원 광장으로
내려가요.
깜짝
뭐야?

후다닥~
어휴~
밑에서 괜히
올라왔네!
쌩!

유명 관광지라 그런지
광장에 사람이 많아서
퍼즐이 안 보여.

평소엔 그 정도로
많지 않은데
그날이
헬싱키의 날이라서
그래요.
헬싱키의 날?
네. 헬싱키시가
만들어진 것을 기념하며
매년 6월 12일에
열리는 축제죠.

핀란드는 러시아의
식민지가 되기 전
스웨덴의 지배를
받았는데
스웨덴이 러시아와의
전쟁에서 패하면서
1809년에
핀란드를 러시아에
넘겼어요.
아~

러시아 황제
알렉산드르 1세는
1812년에
핀란드의 수도를
투르쿠라는 도시에서
헬싱키로 옮겼죠.
왜?
핀란드
투르쿠
헬싱키
상트페테르부르크
핀란드에서
스웨덴의 영향력을
줄이고
당시 러시아 수도였던
상트페테르부르크와
가깝게 두기 위해서였어요.

그렇게 수도를
헬싱키로 옮긴 후
이 광장을
만든 거군.
맞아요.

퍼즐이 앞에
멈췄어요!
여기에 왜
멈춘 거지?
앞에?

✿ **트램** 도로에 설치된 레일을 따라 움직이는 탈 것. 노면전차라고도 부른다.

그럼 얼른
거기로 시간문을…
가자!
그런데 퍼즐은
어디로 가는 거야?
아니요. 옆의 골목으로
뛰어가는 게 더 빨라요.
후다닥~

원로원
광장
하비스 아만다 동상이나
헬싱키 마켓 광장으로
갈 것 같아요.
헬싱키 마켓 광장
하비스
아만다
동상

하비스 아만다 동상?
유명인의
동상인가?
하비스 아만다는
바다의 여신인데

하비스 아만다 동상은
4마리의 물개 분수에
둘러싸여 있어요.
흔히 발트해의 아가씨
동상이라 불리죠.
저기 있다!
헬싱키 별명이
발트해의 아가씨라
그렇게 불리나 봐.

저쪽엔 수많은 천막과
엄청나게 많은 사람이
몰려 있어.
와글 와글
거기가
헬싱키 마켓
광장이에요!

항구 도시인
헬싱키의 마켓 광장엔
싱싱한 생선이 많아
'피시 마켓'이라
부르기도 하죠.

덜컹
덜컹
앗!
퍼즐이 있는 트램이
뒤로 지나가요!
왔다!
깜짝
퍼즐은 아직
저장 안 됐지?
네!

트램에 탄 이프, 이브가
퍼즐을 못 찾았나 봐.
괜히 탔어!
스륵~
트램이
정류장에
멈췄다!
턱!

퍼즐이
하비스 아만다
동상으로 안 가고
마켓 광장
쪽으로 가요.
좋았어~
우리 쪽으로 온다!

와글
와글
퍼즐이
마켓 광장에 가기 전에
저장해야 해!
응. 저 복잡한
시장으로
들어가면
곤란하지.
걱정 마.

스륵~
이프, 이브가
방해 못 하니까
이대로만
저장하면…
부웅~
안 돼~

퍼즐 저…
탓!

깍!
쌩!
헉! 갑자기
웬 새들이!!
파닥
파닥
으하하
잘한다!
갈매기예요!

갈매기들이
왜 갑자기 날
공격하는 거지?

그곳엔 갈매기가
많아서 사람들이
시장에서 음식을 먹다
갈매기에게 종종
뺏기기도 해요.
파닥
파닥
결국 퍼즐이
마켓 광장으로
들어가 버렸어!
후다닥~

파닥
파닥
널 공격하는 게
아니야!
퍼즐이
먹이인 줄 알고
달려든 거구나!

마켓 광장을
지나고 있어요.
시장 어딘가에
멈추려나?
피시 마켓이니까
생선 쪽에 멈출지도
몰라.
콕!
LOHIATERIA
KALA-ATERIA

시장을 다 지났는데도
멈추지 않고 계속
직진해요!
계속 앞으로
간다고?
깜짝

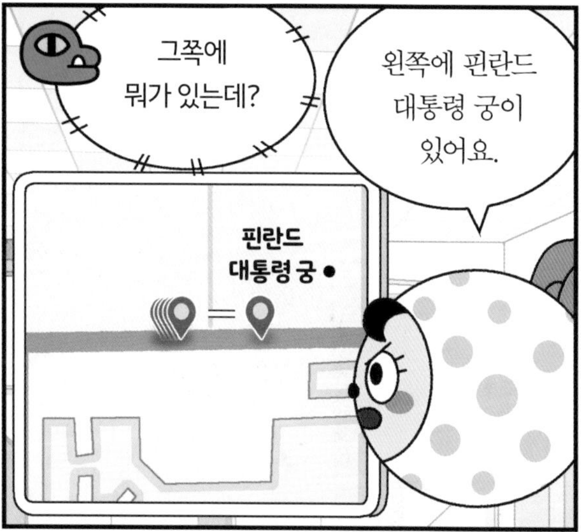
그쪽에
뭐가 있는데?
왼쪽에 핀란드
대통령 궁이
있어요.
핀란드
대통령 궁

아하!
퍼즐의 목적지는
대통령 궁이었군!
아니에요! 퍼즐이
방향을 오른쪽으로
꺾었어요!
오른쪽?
그럼 빨리
왼쪽으로…
우다다다

오른쪽엔 또 뭐가 있는데?
항구가 있어요.
퍼즐이 방금 멈췄어요.
항구에 멈췄어?
지금은 서서히 움직여요.
트램에 있을 때처럼 멈췄다가 서서히 움직이는 거라면…
다다다다다

이번엔 배다!!

펄럭~
앗! 배에 꽂힌 핀란드 국기에 퍼즐이 있어!

퍼즐이 발트해로 떠나 버렸어요.
안 돼~ 돌아와~
발트해의 아가씨에게~
촤좌좍

핀란드 제일의 도시 헬싱키

핀란드의 수도 헬싱키

발트해와 맞닿아 있는 핀란드의 수도 헬싱키는 65만 명이 넘는 인구가 살고 있어. 헬싱키는 전 세계의 수도 중 두 번째로 가장 북쪽에 있지만 핀란드에서는 가장 남쪽에 있지. 또 발트해와 맞닿아 있고 풍경이 아름다워서 '발트해의 아가씨'라고 불리며, 바다와 이어진 항구 도시라 각종 해산물과 생선이 많아. 특히 매년 10월 초에 열리는 청어 축제에서는 헬싱키의 특산물인 청어 구이를 비롯한 맛있는 청어 요리를 맛볼 수 있어. 관광 명소인 헬싱키 대성당은 1852년에 러시아 정교회의 대성당으로 완공됐는데, 핀란드가 독립한 이후에는 루터교 대성당으로 이용됐어. 푸른색의 원형 지붕과 하얀색 외벽이 특색인 왕궁 스타일의 교회로 국가적으로 중요한 행사가 이루어지는 장소이기도 해. 원로원 광장에는 러시아의 알렉산드르 2세 동상을

헬싱키의 풍경은 정말 아름다워~

아름답고 깨끗한 이미지를 가진 헬싱키

중심으로 헬싱키 대성당과 정부 청사들이 둘러싸고 있어 관광객들이 많이 찾아. 광장의 바닥에는 약 40만 개의 포석이 깔려 있지. 헬싱키의 주요 교통 수단인 트램은 헬싱키 대성당과 올드 마켓 홀을 비롯한 헬싱키의 주요 명소를 돌아서 여행객들이 많이 이용해.

강대국들의 오랜 지배를 받은 핀란드

12세기 무렵 발트해 지역의 왕국들은 스웨덴 교황청의 지시로 십자군을 조직해 핀란드에 파견했어. 스웨덴은 선교 원정대를 통해 핀란드 남부와 서부 지역에 세력 확장을 위한 근거지를 마련했지. 13세기 말 무렵에는 핀란드의 대부분이 스웨덴의 지배를 받게 되면서 스웨덴어를 사용하고 스웨덴의 행정 체계도 받아들여. 그러나 스웨덴은 1700년부터 1721년까지 벌어진 러시아와의 전쟁에서 패배해 러시아에 핀란드의 남동부 지역을 넘겨줬어. 핀란드는 1809년에 러시아의 자치령인 대공국이 되어 1917년까지 러시아의 영향 아래 있게 돼. 하지만 그 시기에도 핀란드인의 정체성을 지키기 위해 노력했지. 1917년 러시아에서 혁명이 일어난 후 핀란드는 독립을 선언하고, 러시아는 혼란스러운 국내 상황으로 핀란드의 독립을 인정할 수밖에 없었어. 그런데 1939년 소련이 핀란드를 침략하면서 핀란드와 소련은 1944년까지 전쟁을 치러. 이 전쟁으로 핀란드는 소련에 국토 일부를 넘겨주고, 1947년 파리 조약으로 비로소 주권을 회복해.

1917년 12월 6일 독립을 선언한 핀란드의 첫 정부

퀴즈 ❷ 4마리의 물개가 바다의 여신을 둘러싸고 있는 헬싱키의 동상은? OOO OOO 동상

3장
6개의 섬이 요새로

당장 저 배에
시간문 열어서
쫓아가자!
하지만 배에 타더라도
저 꼭대기의 국기에 있는
퍼즐을 저장할 순 없어.
배에 사람들도
너무 많아.
허둥
지둥

그나저나
퍼즐이 배 타고
어디 가는 거지?
그 배는
수오멘린나로 가는
배예요.
수오멘린나?

헬싱키
대성당
헬싱키 항구 입구에
있는 6개의 섬을
연결하여 만든
해상✿ 요새죠.
수오멘린나

그곳에서 배로
15분 정도 걸려요.
그럼 15분 후에
퍼즐이 수오멘린나에
도착하겠군.
자동차에
시간문 열게요.
시간문으로
미리 가 있자!
우다다다

✿**해상** 바다의 위.

✿**선사 시대** 문자로 된 기록이 없는 석기 시대와 청동기 시대를 일컫는 말.

현재 수오멘린나는
관광지나 휴양지지만
실제로 많은
주민이 살고 있는
마을이기도 하죠.
그러니 주민 거주 지역에선
시끄럽게 하면 안 돼요.

퍼즐은 아직
안 왔지?
네.
여기 위치는
어디야?
후다닥~

이소무스타사리섬과
수시사리섬을 잇는
다리예요.
이소무스타사리섬
수시사리섬

퍼즐이 도착하면
6개의 섬을 다
돌아다니려나?
카카고,
퍼즐이 확실하게
갈 만한 곳은
어디야?
아마도
오귀스탱 에렌스베르트의
무덤에 갈 것 같아요.
움찔~
윽…

그 다리를
건너가세요.
유명인의
무덤인가 봐!
누군데
수오멘린나에
묻혀 있는 거지?
스웨덴 왕의 명령으로
수오멘린나를 건설한
사람이에요.
후다닥~

당시
최고의 기술자들이
참여해 건설된
수오멘린나는
18세기 유럽의
뛰어난 군사
건축의 특징을
잘 보여 주고 있어

유네스코
세계문화유산에
등재됐죠.
왼쪽 굴로
들어가세요.
휙~

앞에 보이는 비석이
에렌스베르트의
무덤이에요.
아! 비석 위에
청동 투구상이
있어!

에렌스베르트는
총감독으로 죽을 때까지
수오멘린나를 건설했어요.
그래서
이 요새에
묻혔군.
아~

지금 퍼즐이 탄 배가
섬에 도착했어요!
휙~
왔다!

퍼즐이
곧 여기로
오겠지?
우린
다리 쪽으로
마중 나갈까?
소곤
소곤
그러자!
척

앗! 퍼즐이
다른 곳으로
가요!
배는
도착했다면서.
뭐?
이쪽으로 안 와?
배는 멈췄는데
퍼즐이 요새로
들어가지 않고
바다 쪽으로
돌아서 아래로
가고 있어요.
오귀스탱
에렌스베르트의
무덤

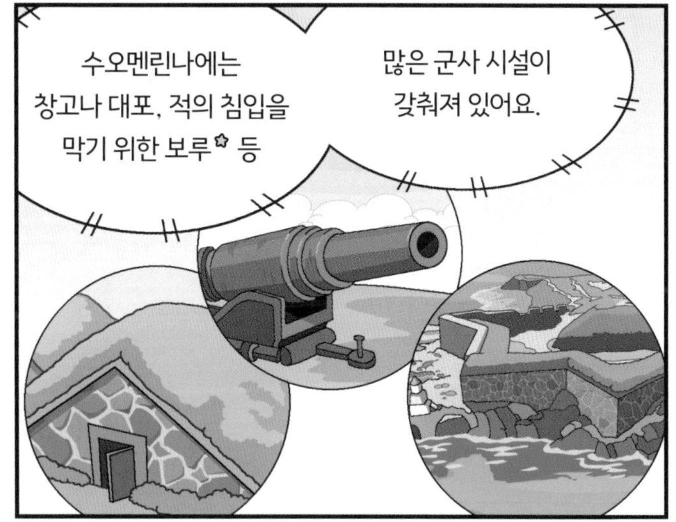

✿ **보루** 적의 침입을 막기 위해 튼튼하게 쌓아 올린 시설물.

그 때문에
수오멘린나의 이름도
여러 번 바뀌었는데
맨 처음엔
스웨덴의 요새란 뜻의
'스베아보리'였다가
러시아 요새일 땐
'비아포리'
독립 후에야 비로소
'수오멘린나'가 됐어요.

수오멘린나는
무슨 뜻인데?
핀란드어로
핀란드의 요새란
뜻이에요.
핀란드가 '수오미',
요새가 '린나'거든요.

엥? 그게
무슨 말이야?
핀란드가
수오미라니?

핀란드는
'핀족의 땅'이란 뜻으로
스웨덴에서 부른
이름이에요.
핀족은
핀란드인의
조상이죠.
아~ 하지만
핀란드어로는
나라 이름이
수오미구나!
맞아요.

거기서
왼쪽 아래 길로
가세요.
바다 쪽으로?
저쪽에서 퍼즐이
오고 있어?
네. 퍼즐이
잠수함으로 갈지도
몰라요.
엉?
후다닥~

잠수함?
깜짝

저 바닷속에
잠수함이
있어?
우리더러
잠수해서 거길
들어가라고?
버럭

땅 위에 있어요.
저기 있다!!
와아~
제2차 세계 대전 때
실제로 사용된 잠수함인데
현재는 개조해서
박물관으로 이용하고
있죠.

퍼즐이
잠수함 박물관
쪽으로 왔어요.
박물관 안으로
들어가겠지?
입장권
사야 해!
후다닥~
줄 서자!

퍼즐이 잠수함을
그냥 지나가요.
여기도
아니야?
쌩!

그냥 시간문 열어서
다른 퍼즐 있는 데로
갈까?
문…

아!
쿠닌칸포르티예요!
일명
킹스 게이트!
퍼즐은
그 문으로 들어갈
생각인 거예요!
깜짝

왕의 문?
쿠스탄미에카섬에
있어요!
잠수함을 지나
아래로 계속
가세요!
이쪽이야!

그런데
쿠닌칸포르티를
왜 왕의 문이라고
불러?

수오멘린나 건설을 명령한
프레드리크 1세의 뒤를 이어
왕이 된
아돌프
프레드리크가
다다다다다

수오멘린나에
방문했을 때
배가 머물렀던 자리에
입구를 만들었거든요.
아! 그게
쿠닌칸포르티구나!
네.

그런데 퍼즐은
왜 굳이 바다를 돌아서
쿠닌칸포르티로
가는 거지?
그러게~
섬에 들어와서
쿠닌칸포르티로
가도 되는데.
그것도
모르냐?

그 앞이
왕의 문이에요.
이번 퍼즐은
허세가 좀 있네.
왕처럼 입장하고
싶으니까 그렇지!
헤헷~
아!
낄낄

유명 장소라 그런지
사람이 많군.
갈매기도
많고.

지금 퍼즐이
왕의 문으로
들어가요!
잠수함
박물관
쿠닌칸포르티

저기 온다!
슈욱~

카카오프렌즈보다
이프, 이브보다
우다다다
빨리!!
어?
쌩!

헉! 이번에도
갈매기가 빨랐어!
퍼즐이 또
먹이 취급을
당하고 있다!
헉
탁!
탁!
탁!

왕처럼 멋지게
입장하려고 힘들게
바다를 돌아왔는데…
불쌍한
퍼즐…
저쪽으로
간다!
끼룩
끼룩
쫓아가!
후다닥~

별 모양의 보루로
가고 있어요!
퍼즐이 새들에게 쫓겨
어디로 갈지 모르니까
흩어져서 쫓아가자!
끼룩
끼룩
응!

퍼즐 위치는
왼쪽 아니 오른쪽…
갈매기를 보면
퍼즐 위치를
알 수 있어!
끼룩
끼룩
우왓!
우당탕
휙~

끼룩
끼룩
윽…
갈매기들
끈질기다…
먹어도 먹어도
없어지지 않는
먹이니까.

퍼즐이
멈췄어요!
뭐? 갈매기가
달려드는 상황에
멈췄다고?
깜짝

퍼즐 위치는
언덕 위예요.
갈매기들이
흩어진다.
퍼즐은 갈매기들이
못 쫓아오는 곳에
숨었을 거예요.
하지만 여긴
숨을 만한 곳이
하나도…
두리번
두리번

대포다!
프로도!
이프!
빨리빨리!
대포 속에
숨은 거야!

내가 더
가까워!
후다닥~
안 돼!

이얍!
촤악

오잉!?
?
헉
쏙!
됐다! 대포 구멍
안에 들어갔어!
퍼즐이
저장됐어요!

꺄~
안 돼~
폴짝
폴짝

우리가
지장했어요!
정말?
어떻게?
뭐?
깜짝
멈칫!

샤라랑~
캬악
대포 안에 퍼즐만
숨어 있던 게
아니었지~♥
대체 왜
카카오프렌즈가
저장한 거야?

격동의 역사 속 핀란드의 국민성

수오멘린나가 보여 주는 격동의 역사

여러 나라의 지배를 받은 핀란드의 역사가 담겨 있어.

핀란드를 지배하던 스웨덴은 18세기에 헬싱키 항구 입구의 작은 섬 여섯 개를 연결해 군사 요새를 만들었어. 길이 7.5킬로미터에 이르는 화강암 성벽의 요새로 그 당시 최첨단 기술을 활용해 지었지. 당시 스웨덴은 핀란드를 러시아로부터 지킬 필요성을 느껴 헬싱키에 해상 요새를 만들고 헬싱키에 드나드는 선박들을 통제하려 한 거야. 스웨덴어로 '요새'를 뜻하는 '스베아보리'라는 이름도 붙였지. 하지만 자금 문제로 오랫동안 완공되지 못하다 19세기에 핀란드가 러시아의 지배를 받게 되면서 비로소 완공돼. 그 후 110년 동안 '비아포리'라는 이름으로 불리며 러시아의 요새로 이용됐지. 핀란드가 독립한 이후 1918년부터는 핀란드의 요새가 됐는데, 이때 '핀란드의 요새'를 뜻하는 '수오멘린나'로 바뀌어. 수오멘린나는 핀란드의 내전 이후에는 포로 수용소로 사용되다 제2차 세

세계에서 가장 큰 해상 요새 중 하나인 수오멘린나

계 대전 때 다시 군사 기지로 사용됐어. 1963년부터는 관광지가 되어 많은 여행객이 찾고 있지. 수오멘린나는 세계에서 가장 큰 해상 요새 중 하나이면서 국제 정세에 휘둘려야 했던 근대 핀란드의 역사를 잘 보여 주는 곳이야. 이러한 가치를 인정받아 1991년 유네스코 세계문화유산으로 등재됐어.

외로운 늑대, 핀란드인들을 표현하는 시수

핀란드는 지리적으로 북유럽의 강국인 스웨덴과 러시아에 오랫동안 지배를 받았지만 핀란드만의 독특한 정신과 문화를 발전시켰어. 핀란드인의 국민성을 '시수(Sisu)'라는 단어로 표현하는데 시수는 보통 끈기와 인내를 뜻해. 주변의 강대국들과 6개월 이상 겨울이 지속되는 자연 환경, 인구 밀도가 매우 낮아 사람들이랑 어울리기 힘든 환경 속에서 살아남았을 뿐만 아니라 오늘날 국가 경쟁력 1위에 오를 정도로 핀란드를 발전시킨 핀란드인들의 국민성을 잘 설명해 주는 말이지. 경제적으로 어려운 환경에서도 좀처럼 흔들리지 않는 핀란드인들의 강인함도 시수로 설명돼. 핀란드인들은 자신들을 '외로운 늑대'라고 부르는데, 보통 소수의 무리하고만 어울리는 늑대의 특성이 속마음을 잘 털어놓지 못하고 다른 사람들과 잘 어울리지 못하는 핀란드 사람과 닮아서래. 대부분의 핀란드인이 가지고 있는 여름 별장도 이런 핀란드인의 특징을 잘 보여 주지. 핀란드인들의 75퍼센트가 7월이나 8월에 여름휴가를 떠나는데 보통 외딴 숲속이나 호숫가에 있는 여름 별장에서 가족들과 지내거든. 전기도 연결되지 않은 곳에서 직접 사우나의 장작을 패며 휴식을 취하지.

여름휴가는
가족과 함께
보내야지!

핀란드인의 특징을 잘 보여 주는 여름 별장 문화

퀴즈 ❸ 수오멘린나에 있는 무덤의 주인으로, 수오멘린나 건설을 주도했던 사람은?

4장

삼포를 찾아

✿〈Go Go 카카오프렌즈 24 - 스웨덴〉 편의 1장을 참고하세요.

라포니안 지역이
라플란드에
속했거든.
퍼즐은 그 숲을
돌아다니고 있어요.
이번에도 퍼즐이
순록을 키우는 사미족을
따라가는 건가?
사박
사박
사박

그건
아니에요.
앗! 지금
퍼즐이 멈췄어요!

저기에 뭐가 있길래
퍼즐이 멈췄지?
앞쪽 숲과 호수가
만나는 곳에 있어요!
사박
사박

새가 있는데?
앗! 하얀 퍼즐이
새의 뺨에 붙어 있어!
깜짝
얘들아, 쉿!
새가 날아가지 않게
조심히 접근하자.
살금
살금

화들짝
핫!
쌔앵
촤좌작

놓쳤다!
푸드득
퍼즐이 계속
새한테 붙어 있어!

헉! 너희 왜 이렇게
스케이트 잘 타?
예전의 우리가
아니다!
칫, 언제 이렇게
실력이 는 거야?

여기서도 계속
새만 쫓아가네.
후다닥~
얘들아! 여기
스케이트!

✿ **대공국** 유럽에서, 소국의 군주인 대공이 다스리는 나라.

✿ 〈Go Go 카카오프렌즈17 - 러시아〉 편의 5장을 참고하세요.

✿ **운하** 배가 다니거나 물을 끌어 쓸 수 있도록 육지에 파 놓은 물길.
✿ 〈Go Go 카카오프렌즈17 - 러시아〉 편의 5장을 참고하세요.

✿ **서사시** 역사적 사실이나 신화, 전설, 영웅 등의 이야기를 서술 형식으로 기술한 시.

오랜 지배 속에서도
전통문화를 지켜 온
핀란드의 문화 예술은
오늘날 크게 발전했어요.
토베 얀손이 북유럽 신화의
괴물인 트롤을 소재로 삼아 만든
세계적인 캐릭터 '무민'도
핀란드 작품이죠.
엥?
무민이
트롤이었구나!
하마인 줄
알았는데…

그런데 칼레발라는
어떤 이야기야?
세상이 만들어지기 전
공기의 신인 일마타르가
물 위로 내려오는데

흰뺨오리가
일마타르의 무릎에
알을 낳았어요.
아! 그래서 퍼즐이
흰뺨오리한테
멈췄구나!

그런데 알이
굴러떨어져 깨지면서
껍데기는
하늘과 땅이 되고
노른자는 해,
흰자는 달이 됐죠.
그렇게 세상이
만들어지고
배 속에 아이를
가진 일마타르는

계속 물 위를 떠다니다
730년 만에 아이를
낳았는데
아이가 흰 수염을 가진
노인의 모습이었어요.
갓난아기가
할아버지?
배 속에서
이미 나이 들어
버렸군.
깜짝
그렇게
칼레발라의 주인공인
베이네뫼이넨이
탄생했죠.

촤악
그래서 퍼즐이
저 할아버지 수염에
멈췄구나.
앗! 할아버지가
물고기 잡았다!
할아버지를
잡아서 퍼즐을⋯

파닥
파닥
스륵~
엉?
어? 퍼즐이
물고기에게
옮겨 가는데?

툭!
으앗!
할아버지가
물고기를
놓쳤어!
퐁당
화들짝

힝~ 아까워.
그런데 어째서 퍼즐이 물고기한테 옮겨 간 거지?
물고기는 칼레발라랑 상관없잖아!
상관있어요.

베이네뫼이넨은 지혜와 노래 실력이 뛰어났는데
이를 질투한 요우카하이넨이란 인물이 베이네뫼이넨에게 도전하죠.
콱!
도전!!

그러나 베이네뫼이넨의 마법의 노래로 인해 늪에 빠져 죽을 위기에 처하자…
살려 주세요! 제 여동생 아이노와 결혼하게 해 줄게요!
허우적
허우적

하지만 이 소식을 들은 아이노는 바다에 뛰어들어 물고기로 변했죠.
제가 나이는 젊은데…
긁적
긁적
그래도 싫어요!
베이네뫼이넨은 배를 타고 낚시해서
아이노에게 청혼하지만 거절당해요.
첨벙~

✿**고위도** 남극과 북극에 가까운 위도.

헉! 정말
순식간에
밤이 됐어!
얼른 얼음 구멍에
시간문을 열어서
다른 곳으로
이동하자.
앗! 얘들아,
저길 봐!

어두워지니까
얼음 밑에서 움직이는
퍼즐이 보여!
반짝
반짝

보이면 뭐 해.
퍼즐이 밖으로
나와야 저장하지.
밖으로 나왔을 때
칼레발라를 이용해서
우리 쪽으로
유인하는 건 어때?

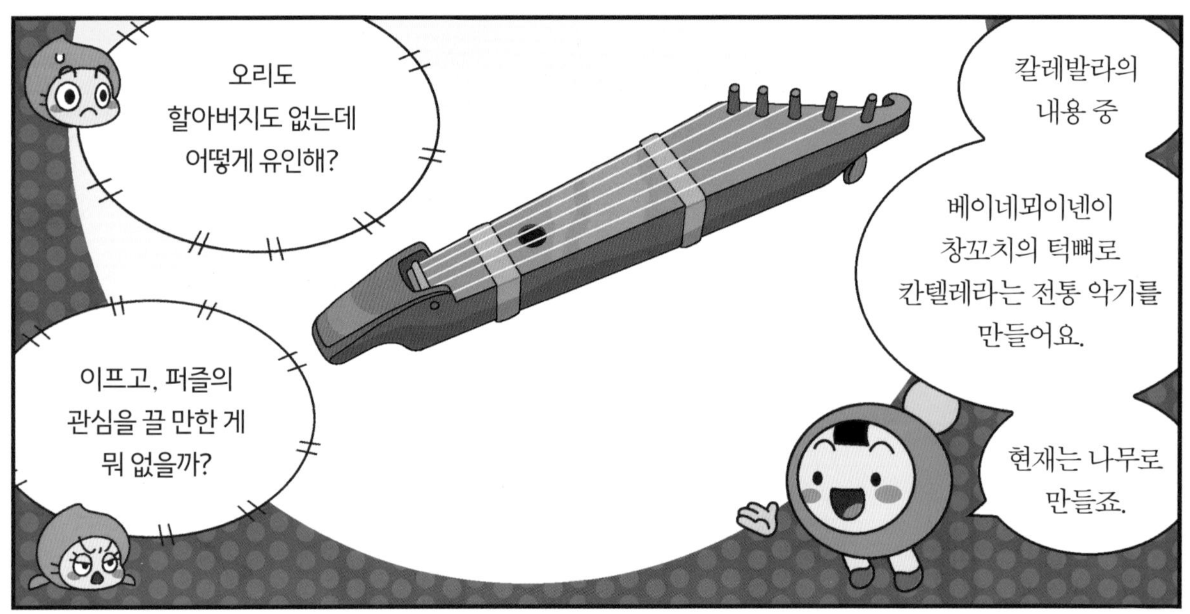
오리도
할아버지도 없는데
어떻게 유인해?
이프고, 퍼즐의
관심을 끌 만한 게
뭐 없을까?
칼레발라의
내용 중
베이네뫼이넨이
창꼬치의 턱뼈로
칸텔레라는 전통 악기를
만들어요.
현재는 나무로
만들죠.

✿ **대장장이** 쇠를 불로 뜨겁게 하여 연장이나 기구를 만드는 일을 하는 사람.

온다!
스륵~
칸텔레 연주에
반응하고 있어!

멈칫!
조금만 더
가까이…
와~
삼포다!!

드디어 우리가
삼포를 차지했어!
우아~
밀가루, 소금, 황금이
쏟아진다~
오, 예~♥
뭐?
삼포?
깜짝

저쪽에서
카카오프렌즈가
칼레발라 연극을
하고 있어!
야! 거짓말하지 마!
세상에 삼포가
어디 있어?
캬악

여기 있다!
비록 얼음으로
만든 허접한
맷돌이지만…
헤헷~

앗! 퍼즐이
방향을 바꾼다!
휙~
어두워서 잘 안 보이니
가까이 올 수밖에!
속지 마!
저거 가짜야!

앗!
쫓아가!
쌩!
깜짝
저장 못 하게
막아!
으아악!
마녀 로우히가
쫓아온다!!

누가
마녀야?
버럭~
촤악
위이잉

프로펠러다!
화들짝
막아!
팅!!
팅!!

헉! 튕겨 나간
프로펠러가
깜짝
보트 주위의
얼음을 자르고
있어!
쩌적
카카칵

우앗!
쩌저적~
꺅!
풍덩!

삼포를 물에
빠뜨렸어!
퍼즐이
삼포를 따라
물속으로!
퐁당

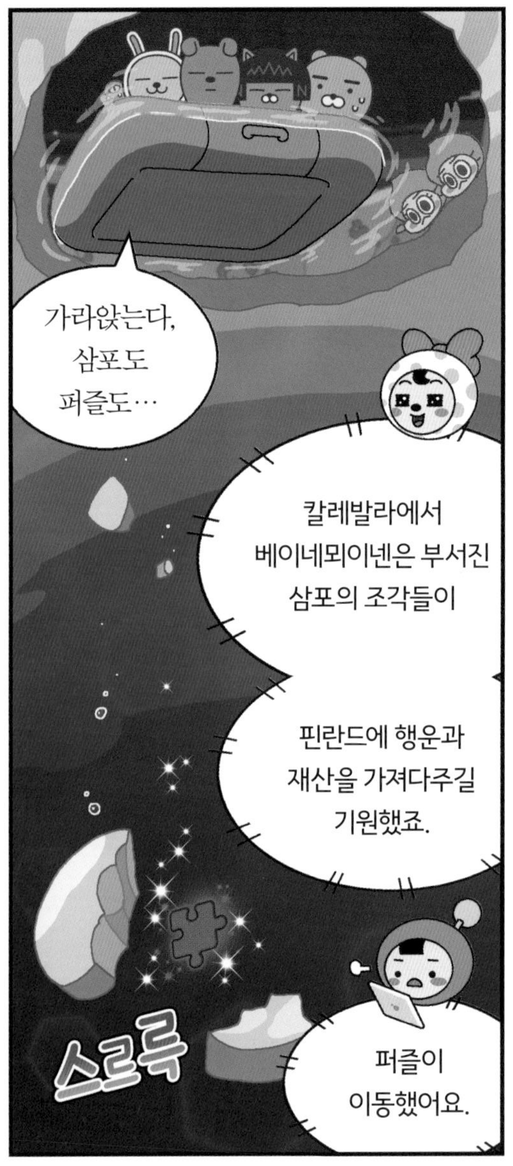
가라앉는다,
삼포도
퍼즐도…
칼레발라에서
베이네뫼이넨은 부서진
삼포의 조각들이
핀란드에 행운과
재산을 가져다주길
기원했죠.
스르륵
퍼즐이
이동했어요.

문화 강국 핀란드의 예술

핀란드의 찬란한 문화를 지킨 예술가들

핀란드는 오랜 세월 스웨덴의 지배를 받으며 문화적으로도 스웨덴의 영향을 많이 받았어. 스웨덴어가 문화나 행정 분야의 공용어로 사용됐지. 하지만 핀란드 국민은 오히려 전통문화를 지키며 수준 높은 문화 예술을 일궜어. 핀란드의 문학은 핀란드 현대 문학의 창시자로 여겨지는 알렉시스 키비의 문학을 통해 유럽 사회에 본격적으로 소개돼. 숲이 많은 핀란드에서는 건축도 발전했는데, 800년 이상 건축의 원자재를 제공하며 뛰어난 건축 양식을 발전시켰지. 알바르 알토는 핀란드 출신의 세계적인 건축가로 조국인 핀란드의 자연과 빛, 그림자를 이용해 최대한 자연스럽고 따뜻한 형태의 건축을 시도했어. 그가 건축한 비푸리 도서관은 제2차 세계 대전 후 러시아의 소유가 됐지만 알바르 알토 도서관으로도 불려. 동화 작가이자 삽화가인 토베 얀손은 전 세계적으로 유명한 캐릭터 무민을 만들어 냈어. 1947년에 그녀는 예술가였던 부모님의 영향을 받아 핀란드에서 무민의 소설을 출간하고

전 세계적으로 유명한 캐릭터 무민을 만든 작가 토베 얀손

만화를 연재했지만 그다지 좋은 반응을 얻지 못했어. 그런데 1952년 영국의 일간지 《이브닝 뉴스》에 무민의 만화가 연재되면서 엄청난 인기를 얻게 되지. 1966년 출간된 《무민 골짜기의 겨울》은 어린이 문학의 최고상인 한스 크리스티안 안데르센상을 수상해. 이렇게 무민 시리즈는 전 세계적으로 사랑받으며 동화, 만화, 애니메이션, 캐릭터 상품으로 만들어졌어.

핀란드 정신이 담겨 있는 민족 서사시 칼레발라

〈핀란디아〉를 들으니 핀란드의 대자연이 느껴져!

19세기에는 지식인들이 핀란드의 고유 문화를 지키고 회복하려는 움직임을 보였어. 그중 한 사람이 19세기에 활동한 문헌학자이자 민속학자인 엘리아스 뢴로트야. 핀란드 최초의 대학인 투르쿠 왕립 아카데미에서 의학을 공부하고 의사로 활약했던 그는 핀란드의 여러 지역을 다니며 핀란드 민족 신화에 관한 정보를 모아 여러 권의 책을 썼어. 민간에 전해지던 핀란드에 관한 전설과 노래 등을 모아 핀란드 민족의 서사시집인 《칼레발라》를 완성했지. 칼레발라는 '칼레바의 나라'라는 뜻인데, 세 명의 주인공이 사는 칼레발라와 포욜라의 땅이 대립하는 이야기가 주를 이뤄. 음악을 통해 핀란드의 국민성을 표현했던 핀란드 출신의 유명한 클래식 음악가인 잔 시벨리우스는 칼레발라에 영향을 받아 교향곡 7곡을 만들었지. 그는 〈핀란디아〉, 〈카렐리아 모음곡〉을 비롯해 100개가 넘는 가곡도 만들었어. 특히 1899년에 작곡된 〈핀란디아〉는 아름다운 핀란드의 자연을 주제로 한 음악으로 당시 러시아의 지배를 받던 핀란드 국민에게 위로와 감동을 줬지. 지금까지도 핀란드의 제2의 국가(國歌)로 여겨져.

음악으로 핀란드의 국민성을 표현한 잔 시벨리우스

퀴즈 ❹ 토베 얀손이 캐릭터 무민을 만들 때 소재로 사용한 북유럽 신화의 괴물은?

5장

사본린나와 올라빈린나 성

퍼즐은
어디로 갔어?
레이크랜드 지역의
사본린나로 갔어요.
칫!!

18만 8,000여 개의
호수를 가진 핀란드에서도
호수가 가장 많은
지역이에요.
위이잉!
우아~ 호수가
그렇게나 많아?
네. 핀란드는 흔히
숲과 호수의 나라라고
불리는데

레이크랜드?
핀란드는 크게
네 지역으로
나눌 수 있는데
그중
핀란드 남동부의
레이크랜드는
라플란드
레이크랜드
해안과
군도
헬싱키

핀란드 국기의
파란 십자가는
호수의
푸른 물을
상징하죠.
특히 레이크랜드는
많은 호수와 섬, 숲이
어우러져
마치 푸른 미로처럼
보인답니다.

여기가
사본린나?
네. 퍼즐은 미로 같은
호수를 따라 그곳으로
오고 있어요.
퍼즐이 호수를 나오면
도시의 명소를 여기저기
놀아다니려나?
지잉~
아니요.
이번엔 어디로 갈지
알아요.

호수에 떠 있는 요새인
올라빈린나 성으로
갈 거예요.
돌탑이 보이는
곳으로 가세요.
저기다!
후다닥~
그러고 보니
요새가 핀란드어로
'린나'라고 했지?

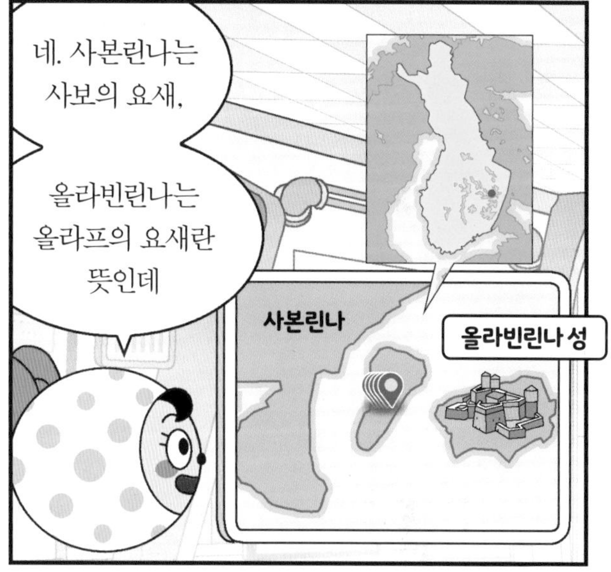
네. 사본린나는
사보의 요새,
올라빈린나는
올라프의 요새란
뜻인데
사본린나
올라빈린나 성

15세기에 세워진
올라빈린나 성도
수오멘린나처럼
러시아의 공격에
대비하기 위해 스웨덴이
세운 요새예요.

✿ **연합국** 같은 목적을 이루기 위해 한데 뭉쳐 서로 돕는 나라.

✿ 〈Go Go 카카오프렌즈 24 - 스웨덴〉 편의 3장을 참고하세요.

아무튼 퍼즐이 호수 쪽에서 오고 있단 말이지?
네. 핀란드에서 가장 큰 호수인 사이마호수예요.
혹시 퍼즐이 올라빈린나 성의 어디로 갈지 알아?

모르겠어요. 오페라 축제 기간이라면 오페라 무대로 갈 텐데.
그건 더 곤란하지.

어쩔 수 없이 퍼즐이 성에 오면 쫓아다니는 수밖에 없겠군.
그런데 성안을 여기저기 다니려면 가이드 투어를 신청해야 해요.

그럼 얼른 가이드 투어를 신청…
벌써 했죠!
카카오프렌즈 팀?
후다닥~
네!

여긴 어디야?
17세기에 세워진
도시인 사본린나의
숲이에요.
핀란드는
국토의 75퍼센트가
숲으로 덮여 있죠.

아, 이 나무는
아까 사우나에서 봤던
몸통이 하얀 나무다!
자작나무였나?

네. 자작나무는
전나무, 소나무와
함께
핀란드에서
가장 흔하게
자라는 나무인데

덕분에 핀란드는
자일리톨로 유명하죠.
엥? 자일리톨은
껌이나 사탕에
들어 있는 거잖아.
그게 자작나무랑
무슨 상관이야?

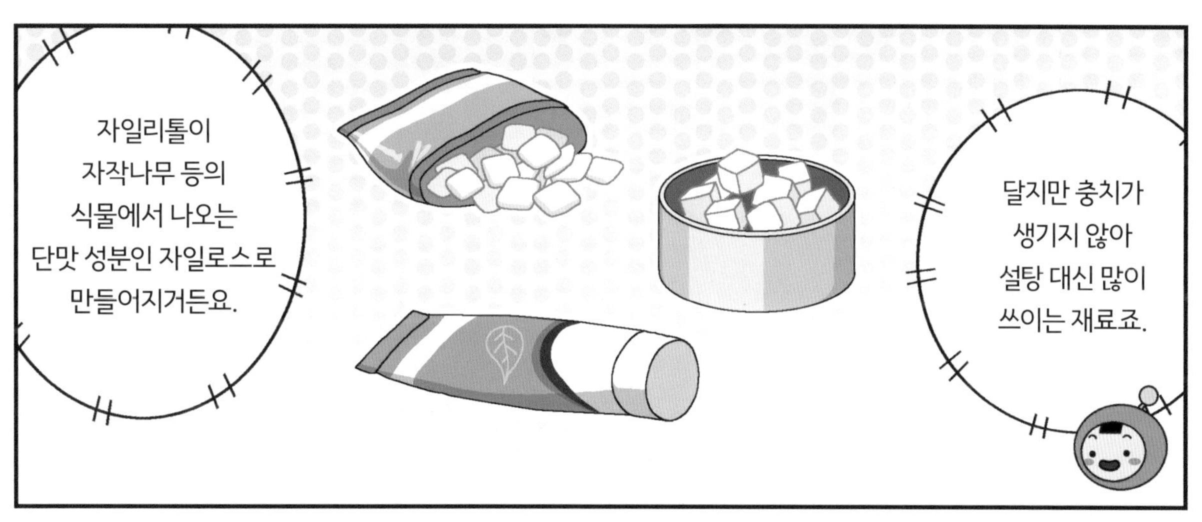
자일리톨이
자작나무 등의
식물에서 나오는
단맛 성분인 자일로스로
만들어지거든요.
달지만 충치가
생기지 않아
설탕 대신 많이
쓰이는 재료죠.

실제로 핀란드인들은
식사 후 자일리톨 껌으로
치아 관리를 한대요.
자작나무
숲을 나오니
호수가 있어!
아~

퍼즐의 목적지는
분명 15세기에 건설된
올라빈린나 성일 거예요.
촤좌좍
저기군.
15세기?
그럼 성이
도시보다 먼저
만들어졌네?

퍼즐이 그 호수에서
오고 있어요.
가자!
휙~
풍덩~

✿〈Go Go 카카오프렌즈24 - 스웨덴〉 편의 5장을 참고하세요.

꼬르륵

왜 하필 지금
지나가는 거야!
푸웃!
첨벙~
첨벙~

퍼즐은 역시
올라빈린나 성으로
가고 있어요.
퍼즐이 성안을
돌아다니려나?
어딘가에
멈추려나?
촤악
그건 모르겠지만
성안을 돌아다니려면
가이드 투어를
신청해야 해요.

그럼 빨리
가이드 투어를
신청…
잠깐!
가이드와 다니면
오히려 퍼즐 저장에
방해될 수 있어.
촤좌작

그럼
어쩌게?
성에 구멍 뚫린 곳이
많으니까
사람들 몰래
밖에서 들어가자.
촤악
휙~

그래!
성안에서 길 안내는
이프고가 하면 되니까
그게 좋겠다.
이프고,
퍼즐 위치는?
성의 위쪽으로
올라가서
첫 번째 탑을 지나
두 번째 탑으로…
촤좌작

앗! 퍼즐이
멈췄어요.
멈췄어?
잘됐다!
어디?

엥?
화장실 갔어요.
화, 화장실?

화장실 가는
퍼즐이라니!
이런 퍼즐은
처음이야!
헉
대체 뭘
싸는 거지?
퍼즐이 간 화장실은
그냥 화장실이 아니라
중세 시대의
화장실이에요.

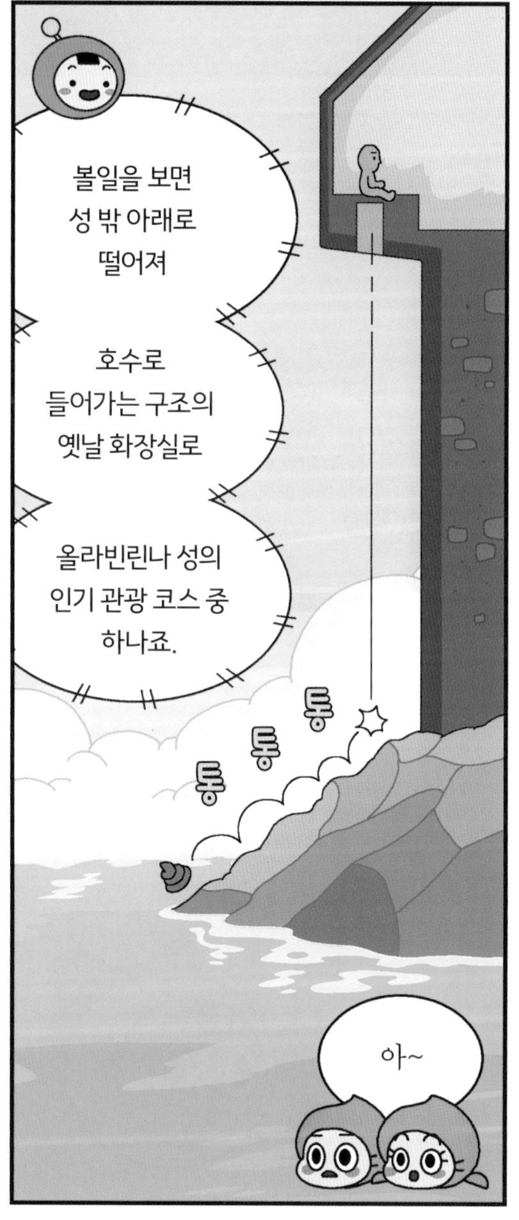
볼일을 보면
성 밖 아래로
떨어져
호수로
들어가는 구조의
옛날 화장실로
올라빈린나 성의
인기 관광 코스 중
하나죠.
퐁
퐁
퐁
아~

퍼즐은
성의 가운데 탑
화장실에 있어요.
화장실 창문으로
바로 올라가시면 돼요.
촤악

저기다!
퍼즐이
사라지기 전에
빨리빨리!

✿ **성인** 가톨릭에서, 신앙과 인격이 뛰어난 사람을 가리키는 칭호.

자~ 그럼
다음은…
가이드님!
중세 시대 화장실부터
보고 싶어요!
꼭 가운데 탑의
화장실로요!

그럼 이쪽으로
오세요.
후다닥~
가자!

원래 올라빈린나 성의
탑은 5개였답니다.
네?
그럼 나머지
2개는요?

하나는
기초 공사가 좋지 않아
17세기 말에 무너졌고
다른 하나는
18세기에 폭발로 무너져
현재 3개의 탑이
남아 있어요.
아~

여기가
중세 시대
화장실이에요.
들어가서
구경하세요.
퍼즐은 아직
그 안에 있어요.
후다닥~

가이드님이
못 보게 몸으로
가리고…
두리번
천장엔 없어.
두리번
벽에도
안 보여.
변기에도
없어.

덜컹
혹시
변기 뚜껑에?
앗!
스르륵

퍼즐이 변기 아래로
떨어졌다!
휙~

아래는 완전
낭떠러지야!
그런데 아래 호수에서
이프, 이브가 기어
올라오고 있어!
바위가
미끄럽고 가팔라.
엉금
어, 지금 퍼즐이
움직이는 것 같은…
딴 데로 가면
안 되는데…
엉금

퍼즐이 바로
쟤들 머리 위로
떨어지는데
부절
어떡하지?
안절

번뜩
아!

아~ 화장실
찾았다!
밑에 있는 사람들
지금 화장실 쓴대요!
빨리 피해요!
슈욱~
지금?
뭐?
깜짝

으아악!
피해!!
화들짝
반짝
반짝
탓!
꺅! 뭔가가
떨어진다!!
잠깐만요!
거긴 중세 시대가
아닌데…

이프, 이브가
퍼즐을 피했어!
샤라랑~
첨벙~
첨벙~

앗! 퍼즐이
내려오고
있었구나!
그러고 보니
목소리가
카카오프렌즈였어!
깜짝
순간적으로
시대를
헷갈렸네.

퍼즐이
이동했어요!
야호!
됐다!!
덩실~
덩실~
잘했어,
프로도~

핀란드 그 자체인 수오미

숲과 호수의 나라 핀란드

핀란드는 18만 8,000개가 넘는 크고 작은 호수가 있고, 국토의 75퍼센트가 숲으로 둘러싸여 있어. 그래서 핀란드인들은 자신들의 나라를 숲을 의미하는 '수오(Suo)'와 호수를 의미하는 '미(Mi)'의 나라, '수오미의 나라'라고 불러. 그중에서도 핀란드 남동부에 있는 레이크랜드에 호수가 가장 많은데, 대부분의 호수가 숲에 둘러싸여 있어서 공중에서 보면 숲과 호수가 마치 미로처럼 보여. 핀란드에서 가장 유명한 호수는 핀란드에서 가장 큰 호수인 사이마호수와 수심이 가장 깊은 호수인 페이엔네호수야. 페이엔네호수에서 가장 깊은 곳은 95미터가 넘는다고 해. 핀란드의 숲은 소나무나 자작나무 같은 침엽수림이 대부분인데 그래서인지 유럽 최대의 목재 생산국으로 예전부터 목재를 이용한 임업, 펄프, 제지 산업이 발달했어. 울창한 숲에서 잘라 낸 나무는 수많은 호수를 통해 운반하지. 핀란드 숲의 4분의 3은 개인이 소유하고 있지

호수로 둘러싸인 핀란드의 여름 숲

만 나무 한 그루를 자르면 또 한 그루를 심으며 자연을 지켜 나가고 있어. 핀란드의 숲과 호수는 핀란드인들의 삶과 이어져 있는 셈이지. 레이크랜드에 있는 라흐티는 맑고 깨끗한 공기와 식수로 유명해 2021년 핀란드 최초로 유럽 환경 수도로 지정됐어.

사이마호수의 진주 사본린나와 올라빈린나 성

레이크랜드에 있는 사본린나는 핀란드에서 가장 오래된 도시 중 하나야. 핀란드에서 가장 큰 사이마호수 근처에 있어서 호수를 통해 이루어지는 수상 운반의 중심지이기도 하지. 노르웨이 왕이자 가톨릭 성인인 올라프 하랄손의 이름을 따서 지어진 올라빈린나 성은 사본린나에서 가장 유명한 관광지야. 1475년 스웨덴의 통치자인 에리크 악셀손 토트가 러시아의 공격을 막기 위해 사이마호수의 바위섬 위에 세운 요새지. 돌로 만든 성벽과 3개의 탑이 유명해. 여러 차례 러시아에 점령당했지만 핀란드가 독립한 이후로는 군사적 요충지의 역할은 사라지고 중세의 독특한 매력을 간직한 관광지로 자리 잡았어. 1912년에는 올라빈린나 성에서 최초로 오페라 축제가 열렸어. 전쟁으로 축제가 멈췄을 때도 있었지만 1967년부터는 매년 개최됐지. 세계적인 오페라 축제로 자리 잡은 이 축제는 매년 7월 초부터 8월 초까지 열리는데, 돌로 만들어진 성벽이 훌륭한 음향 시설 역할을 한대. 이 외에도 사본린나에서는 세계에서 가장 큰 목조 교회인 케리매키 교회와 멸종 위기에 놓인 사이마고리무늬물범을 볼 수 있는 린난사리 국립 공원도 만나 볼 수 있어.

중세 성에서 관람하는 오페라라니!

중세의 매력을 간직한 올라빈린나 성

퀴즈 5 핀란드에서 많이 자라고 자일리톨의 원료가 되는 몸통이 하얀 나무는?

6장

핀란드군,
눈과 하나가 되다

후두둑~
철컥~
앗, 차가워!!

아,
눈이구나.
으아~
엄청나게
추워…
그런데 우리가
나온 곳이…
덜덜덜

휘잉!
탱크야!
그렇다면
이곳은 전쟁터?
네. 1939년 겨울,
핀란드는 겨울전쟁
중이에요.

핀란드와
나치 독일이
싸우는 건가?
1939년 겨울이면
제2차 세계 대전
중일 테니
소련?
어째서?
아니요. 소련과
싸우는 중이에요.

제2차 세계 대전의 혼란 속에
소련은 핀란드에게
다른 땅을 줄 테니
카렐리아 지역을 비롯한
핀란드 땅 일부를
넘겨 달라는 것과
군사적으로 중요한
핀란드 땅에 소련군이
머물 수 있게 해 달라는
요구를 했죠.
왜 그런
요구를 했는데?
사박
사박

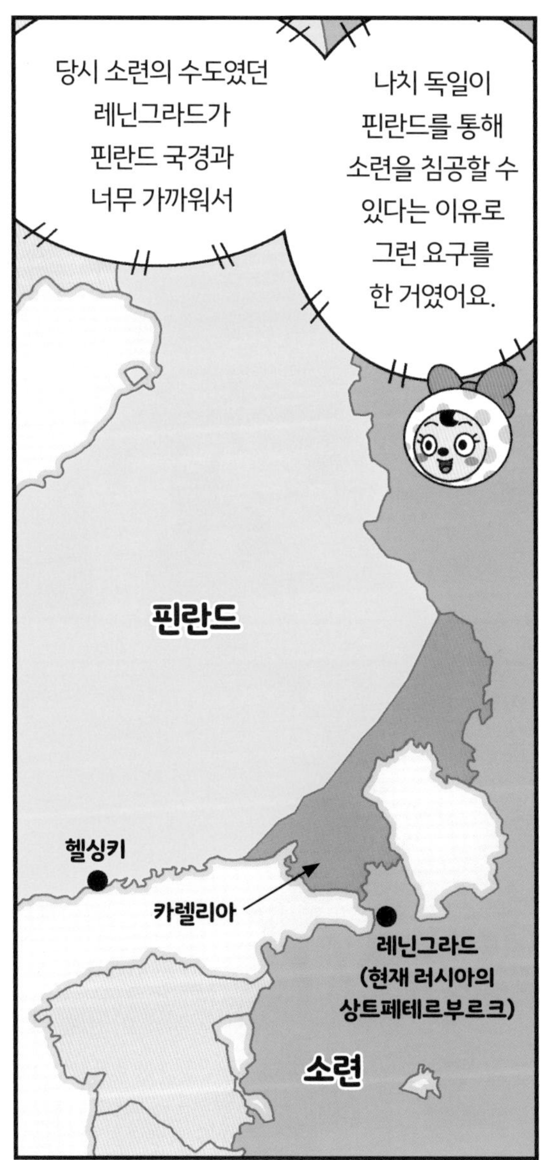
당시 소련의 수도였던
레닌그라드가
핀란드 국경과
너무 가까워서
나치 독일이
핀란드를 통해
소련을 침공할 수
있다는 이유로
그런 요구를
한 거였어요.
핀란드
헬싱키
카렐리아
레닌그라드
(현재 러시아의
상트페테르부르크)
소련

하지만 핀란드가
이 요구를 거절하자
전쟁이 일어났고
그 시작과 끝이
겨울 동안이라
겨울전쟁이라
불리게 된 거죠.
겨울전쟁
1939년
11월 30일
~
1940년
3월 12일

하얀 퍼즐은 앞쪽에서
이동하고 있어요.
하지만 사방이
온통 하얘서…
아~
사박
사박

탕
탕
숨어!!
화들짝
헉

잠잠~
총소리가 아니었나?
지금은 아무 소리도 안 나.
?

일단 조심해서 움직이자.
사박
사박
야! 문을 그렇게 세게 열면 어떡해?
여긴 전쟁터라고!
문이 얼어서 잘 안 열리는데 어떡해!

지금 핀란드와 소련이 싸우고 있다고 했지?
네. 소련이 침공했어요.
그런데 핀란드는 소련과 엄청나게 긴 국경을 맞대고 있잖아.
어디로 공격해 올지 모를 텐데 어떡해?
사박
사박

아니요. 예상할 수
있었어요.
핀란드 동쪽 국경은
주로 빽빽한 숲과 계곡,
호수로 이뤄져 있어서
대규모의 군대가 오기
힘들었거든요.
조심
조심
그냥 다니기도
힘들어.
울퉁
불퉁

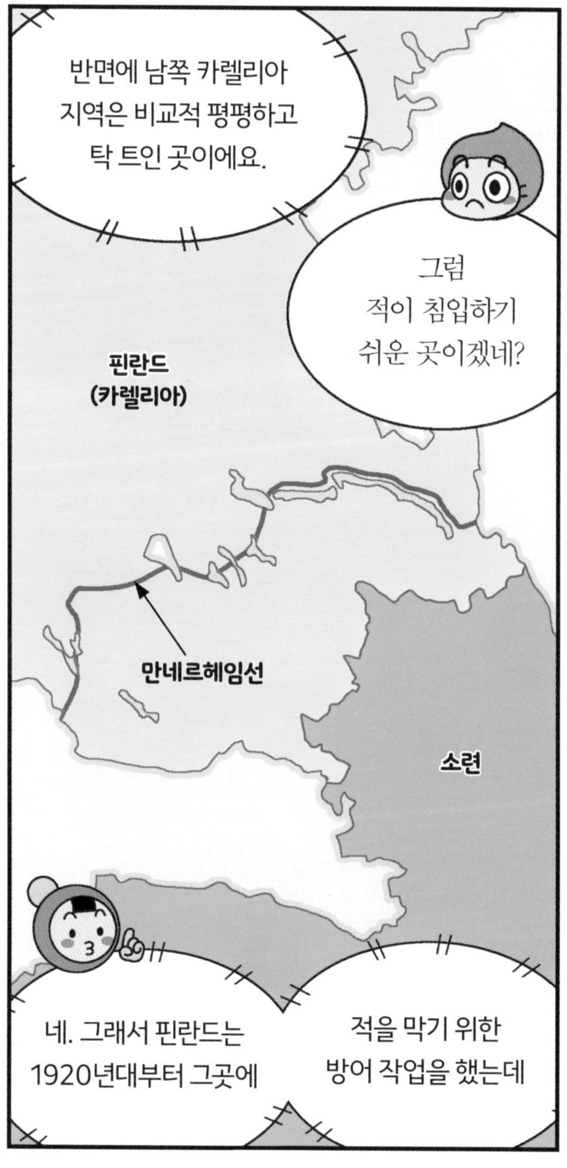

반면에 남쪽 카렐리아
지역은 비교적 평평하고
탁 트인 곳이에요.
그럼
적이 침입하기
쉬운 곳이겠네?
핀란드
(카렐리아)
만네르헤임선
소련
네. 그래서 핀란드는
1920년대부터 그곳에
적을 막기 위한
방어 작업을 했는데

이 방어선을
만네르헤임선이라
부르죠.
만네르헤임?
사박
사박

72세에 겨울전쟁의
총사령관을 맡은
핀란드의 대표적인
전쟁 영웅이에요.
칼 구스타브
만네르헤임
(1867~1951)

그렇게 소련군은
어마어마한 병력을 이끌고
핀란드의 카렐리아 지역을
공격했죠.
그럼 지금 남쪽에선
치열하게 전투 중이겠군.
여긴 길도
울퉁불퉁하고
나무도 많은 지역이니
괜찮겠지?
사박
사박

아니요. 소련군은
길이 험한 동쪽으로도
쳐들어왔어요.
앗! 저쪽에
군대 행렬이다!
숨어!!
깜짝
그런데
어느 나라
군대지?

군복이
무슨 색이에요?
진한 녹갈색
같은데?
그럼
소련군이에요.

핀란드군은…
핀란드 군복은
무슨 색인데?
앗!
지금 퍼즐이
멈췄어요!

멈췄어?
10미터 정도
앞에 있어요!
하지만 그 앞에는
소련군이 있다고!

혹시 저기 눈밭에
살짝 튀어나와 반짝이는 게
퍼즐인가?
반짝
반짝
먼 데다가
퍼즐 색깔이 하얘서
잘 모르겠어.

특수 소매를
눈에 안 띄게
저기로 보내 봐.
이프, 네 소매가
하얀색이니까
응!

이프고, 소매가
정확한 위치로 갈 수 있게
안내해 줘.
네! 조금 더
왼쪽으로…
스르륵
앗!
이프, 이브다!

어떠하지?
튀어 나갈수도
없고.
그대로
앞으로…
슬금
슬금
안절
부절

바로 거기예요!
좋았어~ 당장
저장 장치를 켜!
더듬
더듬
반짝
반짝

탁!
헉
깜짝
벌떡
갑자기 눈 속에서
사람이 튀어나왔다!!

쾅!
휙~
하얀 옷을 입은
사람이 소련군을 향해
폭탄을 던졌어!
핀란드군이에요!
후덜덜~

기습 공격이다!
앗, 아저씨!
혼자만 그렇게
숨어 버리면…
푹!
저기 나무 뒤에
수상한 녀석들이 있어!

쏴라!
타앙
탕
탕
우리가 그런 거
아니에요!
핀란드 군복은
하얀색이었구나.
후다닥~

네. 이 전쟁에서
핀란드군은 하얀색
군복을 입고
하얀 눈밭에
몸을 숨기며
싸웠어요.

맞아요.
퍼즐은 이프, 이브 님과
같은 방향으로
움직이고 있어요.
오~ 위장술!
탕
타앙
탕
하지만 퍼즐은
안 보이는 데다
우린 지금 공격당하고
있다고!!

탕
타앙
우리도
눈에 띄지 않게
몸을 숨기자!
여기
하얀 목도리를
펼쳐서…
스윽
그런데 재들
너무 위험해 보여.

이쪽엔
숨을 데가 없어.
그냥
눈에 구멍 파서
탈출을…
좀
도와줘야겠군.
파바박!

휙~

퍽~
후두둑
깜짝
으악! 나무 위의
눈이 쏟아진다!
꺅!

앗! 적군이
어디 갔지?
갑자기
사라졌다!
…
샤
샤악
촤악
우린 이제
어쩌지?
탈출할까?
어? 위에서
무슨 소리가…

부웅~
촤악
저, 저건
설마
스키?
화들짝

샤
샤악
저 사람들
지금 전쟁터에서
스키 타고 있어!

핀란드의
스키 부대예요!
스키를 타고
불쑥 나타나 빠르게
공격한 후 사라지는
전술을 사용했죠!

✿ **기관 단총** 크기가 작고 가벼운 기관총.

길어지는 전쟁에
소련군은 막대한
피해를 입었고
핀란드도 계속
버티기 힘들어지면서
결국 1940년 3월에
카렐리아를 비롯한 핀란드 땅
일부를 소련에 넘기는 조건으로
겨울전쟁이 끝났어요.
탕 타앙
스윽

휴~ 더 이상
우릴 공격하지
않는다.
그나저나 핀란드는
결국 영토를 빼앗겼네?

하지만
전쟁을 계속하다간
나라를 잃을 수도 있는
상황이었어요.
게다가 겨울이
끝나가잖아.

그 후 핀란드는
나치 독일과 동맹을 맺고
소련을 공격하는
계속전쟁도
치르지만
최종적으로
1947년 파리 조약에 의해
현재의 핀란드와 소련의
국경이 확정됐죠.
아~
계속전쟁
1941년 6월 25일
~
1944년 9월 19일
핀란드
소련

카카고,
퍼즐은?
전투 지역에서
점점 멀어지고
있어요.

그럼 우리도
시간문 열어서
탈출할 준비를…
다른 시대로
가려나?
그냥
가나 봐.
파바박!

앗! 퍼즐이
멈췄어요!
지둥
전투 장소에서
멀리 떨어진 곳에
멈췄다고?
아니, 그보다
퍼즐이 어디
멈췄는데?
왜?
뭐?
허둥
여러분이
있는 곳에서
왼쪽 앞에
있어요!

왼쪽
앞이라면…
이프, 이브가
있는 곳이다!!
어? 퍼즐이
우리 앞에 있다고?
깜짝

어떡해~
안절
부절
지금 달려가도
늦을 것 같아.
우리 앞이면
저 언덕 위에
있나 봐.
사박
사박
올라가자.

그런데 퍼즐이
왜 여기 멈췄지?
지쳐서
쉬는 건가?
사박
아무렴
어때.
사박

탕
타앙
탕
응?
스윽
빼꼼~

탕
헉! 눈 속에서
총이 나왔어!!
화들짝
헉
헉!

저격수예요!
멀리 떨어진 곳에 숨어
목표물을 공격하는
병사죠!
깜짝

소련군은 시모 해위해를
하얀 죽음의 신,
즉 하얀 사신이라 불렀는데
하얀 눈밭 속에서
정확히 목표물을 향해
날아오는 그의 총알은
소련군에게 공포의
대상이었죠.
타앙
탕
하얀 사신이다!!
허둥
지둥

어쩌면
시모 해위해일지도
몰라요.
그게
누군데?
전설적인
저격수예요.

탕
파바박
우리도
무서워…
저격수에게
들키기 전에
빨리 탈출하자.

전쟁에 휩싸인 핀란드

핀란드의 내전

1917년 러시아 제국이 2월 혁명으로 무너진 후 러시아의 지배를 받던 핀란드는 독립을 선포했어. 그런데 핀란드 내부에서 주도권을 잡기 위한 갈등이 일어났지. 러시아의 지배에서 자유로워지고 싶었던 스웨덴계 상류층이 주도한 비사회주의 조직과 사회주의 노동자들을 중심으로 한 세력이 충돌한 거야. 노동자와 농민 들로 구성된 사회주의 조직은 볼셰비키 혁명을 일으킨 러시아 세력과 힘을 합쳐 핀란드에서 정권을 잡으려 했어. 반면에 주로 대지주나 관료로 구성된 비사회주의 조직은 일단 러시아의 지배에서 완전히 벗어나는 것을 목표로 연합했지. 1918년 1월부터 3개월 동안 사회주의 조직은 적군으로, 비사회주의 조직은 백군으로 전쟁을 치러. 명장 칼 구스타브 만네르헤임을 총사령관으로 한 백군은 1918년 봄에 탐페레에서 전투를 벌였어. 적군은 러시아의 지원을 받아 몇 차례의 전투에서 승리를 거뒀지만 만네르헤임 장군의 뛰어난 지

핀란드 내전 당시 파괴된 탐페레의 탐멜라 지구 모습

도력과 독일의 지원을 받은 백군을 무너뜨릴 수는 없었어. 결국 3개월 동안 벌어진 핀란드의 내전은 백군의 승리로 끝났고, 패배한 적군의 지도자들은 러시아로 도망갔지.

핀란드와 소련 사이에 벌어진 겨울전쟁

1939년 독일이 폴란드를 침공하자 소련은 핀란드에게 영토 일부를 소련에 넘겨 달라고 요구했어. 독일이 핀란드를 통해 소련을 침공할 수 있다고 생각했거든. 핀란드 카렐리아 지역과 라플란드 지역의 일부 영토를 달라는 것과 더불어 발트해와 핀란드만의 주요 항구인 투르쿠, 헬싱키, 비푸리 등에 소련군이 주둔할 수 있게 해 달라고 했지. 당연히 핀란드는 거부했고, 1939년 11월 30일부터 이듬해인 1940년 3월 12일까지 핀란드와 소련 사이에 전쟁이 일어나. 겨울에 벌어진 전쟁이라 겨울전쟁이라고 부르지. 핀란드는 내전 당시 적군을 물리친 국민 영웅 만네르헤임을 총사령관으로 임명해 핀란드군을 이끌게 했어. 핀란드와 소련 모두 추위에 익숙했지만 핀란드 군대는 핀란드의 지형과 기후를 활용하면서 독특한 전술까지 사용했지. 만네르헤임은 놀라운 아이디어로 부족한 전력을 메꿨는데, 세계 최초로 겨울용 하얀색 군복을 도입했고 차량과 야포까지 흰색으로 위장한 거야.

이로 인해 소련군은 하얀 눈이 쌓인 핀란드 지형에서 핀란드군을 알아보기 힘들었어. 또 세계 최초로 스키 부대도 운영했지. 핀란드군에는 소련군을 공포에 몰아넣은 시모 해위해라는 저격수도 있었는데 그 혼자 소련군 542명을 사살했대. 핀란드는 겨울 동안 소련을 상대로 매우 잘 견뎠지만, 결국 1940년 3월에 카렐리아 지역을 비롯한 일부 영토를 소련에 넘겨주고 전쟁을 끝내.

겨울전쟁에서 활약했던 핀란드의 스키 부대

퀴즈 6 겨울전쟁 이후 핀란드가 나치 독일과 동맹을 맺고 소련을 공격했던 전쟁은?

7장

중세를 품은 도시

다른 퍼즐이
있는 곳으로
시간문 열었어요.
타앙
또 전쟁터인 건
아니지?
우우웅~

아~ 러시아가
헬싱키로 수도를
옮기기 전의 수도?
네.
앗!
중세 시대다!
스웨덴이
핀란드를 지배하던
시절이야!

아니에요.
핀란드에서 가장
오래된 도시이자
핀란드의 옛 수도인
투르쿠예요.
투르쿠
헬싱키

아니,
현대예요!
중세 시대를
재현한 축제랍니다.
버럭
이러니 우리가 맨날
시대를 헷갈리지!

투르쿠에서는 매년 여름에
중세 시대 옷을 입은 사람들이
중세 시대 방식으로
음식이나 물건을 팔고
다양한 공연을 하는
중세 시장 축제가 열려요.
와아
중세 시장
축제?
네. 투르쿠는
예부터 상업의 중심지로
투르쿠란 이름도
시장이란 뜻이죠.

정말 중세 시대
시장 같아.
앗!
저 나뭇잎 모양 빵
맛있겠다~
카렐리안 파이예요.
카렐리아 지방에서 유래된
핀란드 전통 음식이죠.
두리번
두리번
저 까만 사탕은
뭐지?

그건 살미아키라는
소금 감초 사탕인데
강렬한 맛이 특징인…
앗! 아우라강을
따라오던 퍼즐이
가까이 왔어요!
올드
그레이트
광장
아우라강
투르쿠
대성당

그럼
중세 시장 축제로
오겠지?
축제로 바로 갈지
그 전에 투르쿠 대성당에
들를지 모르겠어요.

저기 멀리 보이는 탑이
투르쿠 대성당이에요.
만약 퍼즐이
대성당으로 가면
곧바로 시간문 열어서
쫓아가자.
바구니 하나
주세요!
후다닥~
저기 바구니에
열면 되겠어.

카카오프렌즈는
이 건물이
투르쿠 대성당?
네. 1300년에 지어진
핀란드에서 가장 오래된
대성당으로
1827년 대화재 때
훼손됐다가
다시 지어졌어요.

앗! 지금 퍼즐이
강을 따라 투르쿠 대성당
바로 앞까지 왔는데
대성당…
온다!!

…이 아니라 그대로
계속 강을 따라가요.
깜짝
그럼 중세 시장
축제로 가는 건가?

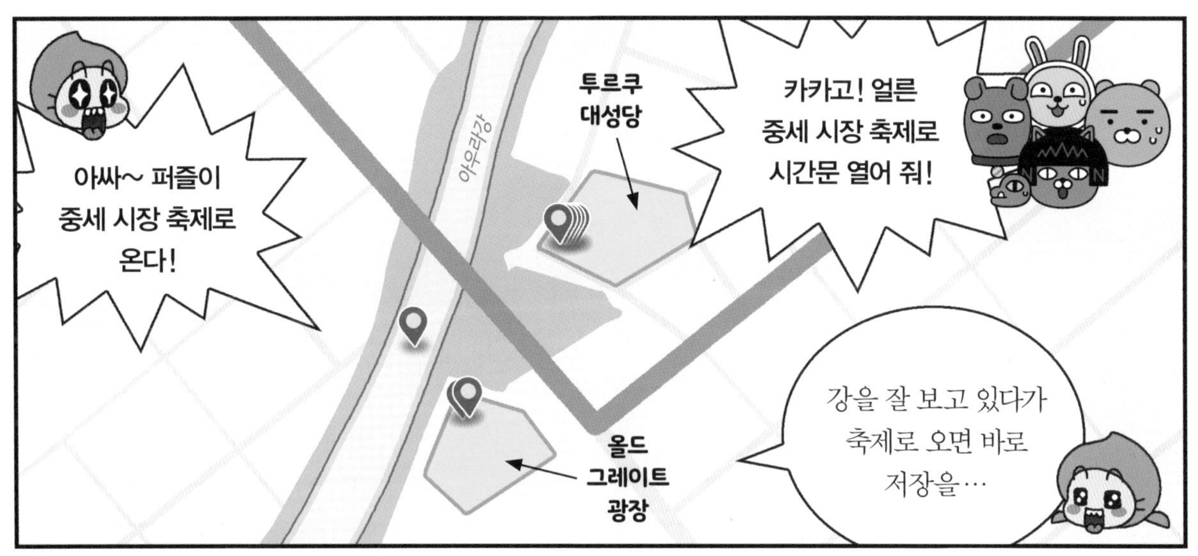
아싸~ 퍼즐이
중세 시장 축제로
온다!
투르쿠
대성당
아우라강
카카고! 얼른
중세 시장 축제로
시간문 열어 줘!
올드
그레이트
광장
강을 잘 보고 있다가
축제로 오면 바로
저장을…

그런데 퍼즐이
방향을 안 바꾸고 계속
강을 따라 흘러가요.
뭐?
중세 시장 축제로도
안 오는 거야?
그럼
어디로 가는데?

아우라강을 따라가면
투르쿠의
또 다른 명소인
투르쿠 성이
있어요.
투르쿠 성
아우라강
그럼 거기로
시간문 열어!

열었어요.
가자!
휙~

그곳이 바로
투르쿠 성이에요.
앗!
깜짝
투르쿠가 수도였던
13세기 말에 스웨덴에서
세운 성이죠.

스웨덴의 왕족들과
핀란드 지역 통치자들이
살던 성이라
성 안에는 당시
왕족들의 화려한 생활상을
볼 수 있는 공간이니
보물, 예술품 들이
전시되어 있어요.

동쪽 부분은
1881년 이후
역사 박물관으로
활용되고 있고요.
퍼즐이 건물
안으로 들어가면
저장하기 어렵겠군.

성 밖으로
나가자!
우다다다

투르쿠 성은
17세기 초의
화재와
제2차 세계 대전의
폭격으로 사라질 뻔했지만
계속 복원됐죠.
이렇게
웅장하고 멋있는
성이 사라질
뻔했다니…

퍼즐이
왔어요!
투르쿠 성엔
오겠지?
이번에도 그냥
지나가는 거
아냐?
다다다다

투르쿠 성은
아우라강 입구에 있어서
거길 지나가면 바다라
더 이상
갈 데가
없는데…
투르쿠 성
아우라강

어휴~
또 그냥
지나가요!
그럼 바다로
간 거야?
대체
어딜 가는 거지?
사라지지 않고
바다로 간 걸 보면
목적지가 따로
있는 것 같은데.
흠!

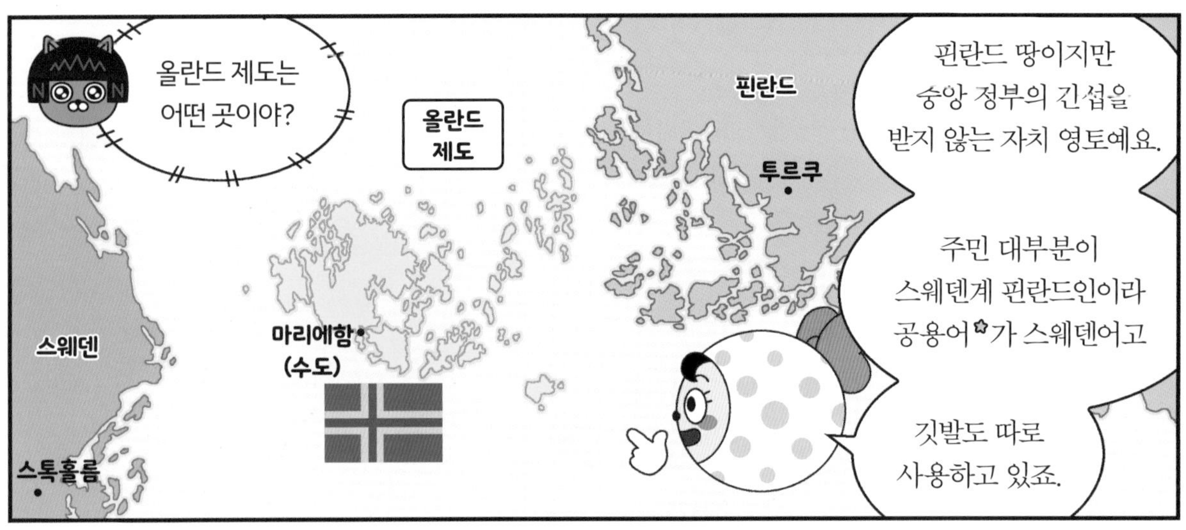

✿ **군도** 무리를 이루고 있는 크고 작은 섬들.
✿ **공용어** 한 나라 안에서 공식적으로 쓰는 언어.

설마…
메르케트섬
마리에함
메르케트섬?

퍼즐이 큰 섬에도 안 가는데 작은 바위섬에 가겠냐?
버럭
하지만 그 섬은 세계에서 국경이 나뉜 섬 중에
가장 작은 섬이라고요!
국경이 나뉘다니?

그게 무슨 섬인데?
올란드 제도 서쪽 끝에 있는 작은 바위섬이에요.

현재 메르케트섬은 스웨덴과 핀란드가 반씩 나눠 갖고 있거든요.
아무튼 거기로 시간문 열었어요.
Go Go~
가자!
우다다다

여기가
메르케트섬?
네. 여러분이 나온 곳은
등대예요.
등대 빼곤
온통 바위밖에
없잖아?

이렇게 작은 섬에
어떻게 국경이
생긴 거야?
핀란드가 스웨덴 땅에서
러시아 땅이 될 때 올란드 제도도
러시아로 넘어가면서
스웨덴과 러시아는
메르케트섬에
국경선을 그어
반씩 나눠 가졌죠.

그런데 핀란드가
러시아로부터 독립하면서
스웨덴과 핀란드의
국경이 된 거군.
맞아요.

핀란드 퍼즐이니까
핀란드 땅으로
가겠지?
그런데
핀란드 땅이
어디야?

여러분이
서 있는 곳은
스웨덴 땅인데
뭐, 뭐?
어디?
등대가 있는 곳은
핀란드 땅이고
등대 바깥 서쪽은
스웨덴 땅…
대체 뭐가 이렇게
복잡해?
어질
어질

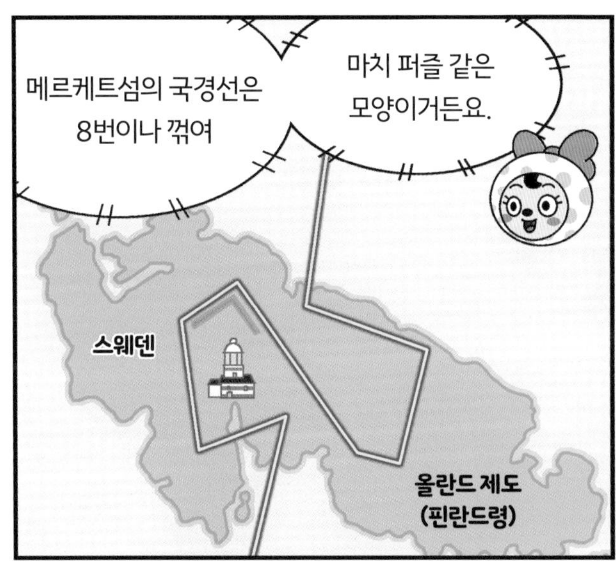

메르케트섬의 국경선은
8번이나 꺾여
마치 퍼즐 같은
모양이거든요.
스웨덴
올란드 제도
(핀란드령)

처음에
스웨덴과 러시아가
국경선을 정할 땐
반으로 나눠 직선으로
그었는데
19세기 말
근처 바다에서
배 사고가 많이
일어나자
러시아는
섬의 높은 곳에
등대를 지었죠.
아~ 저 등대가
러시아에서
지은 거군.

퍼즐 같은
모양!
대체 누가 이렇게
땅을 나눈 거야?
그래서 퍼즐이
여길 오나 봐!

그런데 문제는
등대 위치가 스웨덴
땅이었다는 거예요.
남의 땅에
건물을 지었어!
핀란드가 독립하면서
스웨덴과 이 문제를
상의한 끝에
헉

등대는 핀란드가
가지고
같은 넓이의 땅을
스웨덴에 줬죠.
스웨덴
올란드 제도
(핀란드령)

아~ 그래서
국경선이 그런 모양이
됐구나!
퍼즐이 왔어요!
왔다!

직선으로 똑바로
오고 있어!
카카오프렌즈를
잡아!
이프, 이브를
잡아!
우리가
잡혔어!
우당탕
쌩!
휘리릭

잇! 콘을
놓쳤다!
탓!
퍼즐 저…

앗!
휙~

다다다다
우릴 피해
도망가는 건가?
슈웅
퍼즐이 갑자기
방향을 바꿨어!
쫓아가자!

저렇게
똑바로 가는 퍼즐은
특수 장치로 간단하게
저장을…
촤악

왜 저래?
앗!
또 피했어!
파앗

알았어요!
퍼즐은 지금
국경선을 따라
돌고 있는 거예요!

이제 곧 등대 쪽으로
갈 거예요!
아!

빨리
등대 쪽으로
가자!
하지만
울퉁불퉁한 바위 때문에
빨리 갈 수가 없어!
물 때문에 바위가
미끄러우니까 조심해!
후다닥~
미끌~

허리띠 피해!
피융~
피융~
콱!
라이언! 퍼즐이
그쪽으로 간다!
후다닥~
꾹~
응! 내가
저장을…

밖에서 무슨
말소리가 들린 것
같지 않아?
흠칫!!
등대에서
사람이 나왔다!!
하지만 오늘
누가 온다는 말은
없었는데.
화들짝
스륵~

숨어!!
회색 목도리를
펼쳐!
펄럭~
첨벙~
착!

아무도
없는데?
잘못
들었나 봐.
등대 뒤쪽으로
갔어요.
이프고,
퍼즐은?

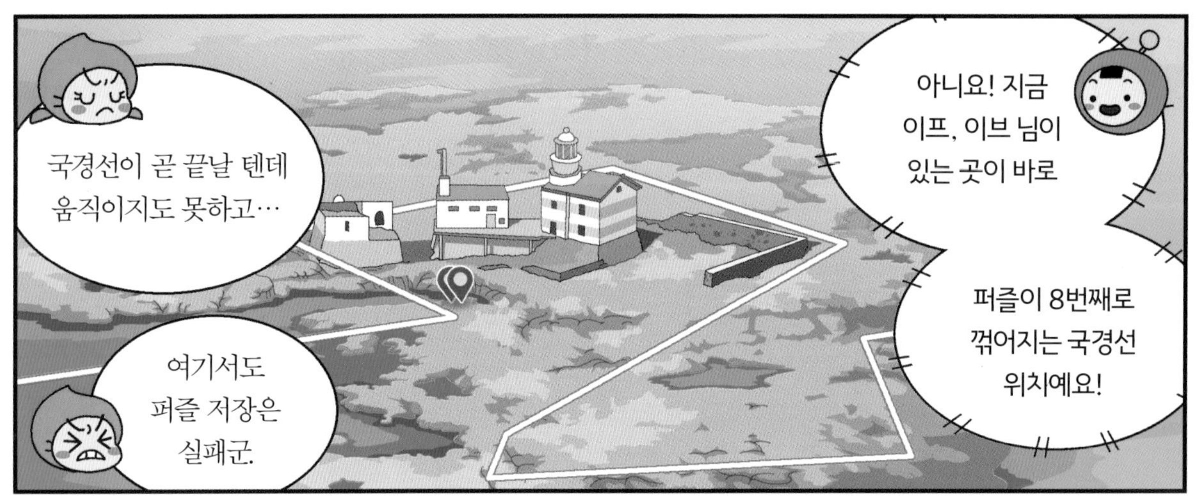
국경선이 곧 끝날 텐데
움직이지도 못하고…
여기서도
퍼즐 저장은
실패군.
아니요! 지금
이프, 이브 님이
있는 곳이 바로
퍼즐이 8번째로
꺾어지는 국경선
위치예요!

그 말은 이대로 있으면
퍼즐이 여기로
온다는 거야?
네!
지금 퍼즐이
바다 쪽에서
오고 있어요!
바다?
깜짝

잠깐! 아까
네오가 바다에…
네오!
손 들어요!

저장됐어요!
응? 이번엔 바위가
움직인 것 같은…
잘못
봤겠지.
들썩 들썩
샤라랑~
번쩍
안 돼~

핀란드의 아름다운 역사 도시

핀란드의 옛 수도 투르쿠

투르쿠는 핀란드에서 가장 오래된 도시 중 하나로 스웨덴이 핀란드를 다스리던 시절에는 핀란드의 수도였어. 러시아가 핀란드를 지배하게 되면서 핀란드를 스웨덴의 영향에서 벗어나게 하려고 1812년에 수도를 헬싱키로 옮긴 거지. 그때까지는 투르쿠가 핀란드에서 가장 크고 중요한 도시여서 상업이 발전했어. 투르쿠라는 말 자체가 '시장'을 뜻하지. 2011년에는 유럽 문화 수도로도 지정됐어. 투르쿠 성은 스칸디나비아반도에서 가장 오래된 건축물 중 하나야. 본성은 1400년대에 완공됐는데 아우라강의 물길을 끌어와 해자를 만들어 마치 성이 물 위에 떠 있는 것 같은 느낌을 주지. 투르쿠 대성당은 핀란드에서 가장 오래된 성당으로 핀란드 루터파 교회의 핵심적인 역할을 해. 올란드 제도에 있는 메르케트섬은 길이 350미터, 폭 150미터밖에 되지 않는 작은 바위섬이야. 그 작은 섬에 스웨덴과 핀란드의 국경선이 있는데 예전에 스웨덴이 러시아에 핀란드의 지배권을 넘길 때 메르케트섬 한가운데를 기준으로 국경을 나눴어. 러시아는 핀란드를 지배할 당시 발트해가 워낙 험

투르쿠가 수도였을 당시 핀란드의 중심지였던 투르쿠 성

해서 배가 자주 침몰하다 보니 메르케트섬의 가장 높은 곳에 등대를 세웠어. 그런데 나중에 살펴봤더니 등대를 세운 곳이 스웨덴의 영토였던 거야. 핀란드는 독립하면서 스웨덴 영토에 있는 등대는 핀란드가 소유하고 그만큼의 다른 영토는 스웨덴에 넘겨주기로 합의해. 그렇게 그 좁은 바위섬에 8번이나 꺾이는 이상한 국경선이 생기게 됐지. 하지만 그 덕분에 등대밖에 없는 메르케트섬도 유명해졌어.

핀란드의 전통 요리

핀란드가 오랜 세월 스웨덴과 러시아의 지배를 받아서 요리도 스웨덴과 러시아의 영향을 받았어. 기본적으로 호밀, 보리, 감자 등의 곡물과 블루베리 같은 베리류 열매를 재료로 많이 쓰지. 호밀빵과 치즈를 주로 먹는데 발트해 연안에 위치해 있고 수많은 호수가 있는 지형적 특색으로 청어를 비롯한 생선 요리도 많이 먹는 편이야. 또 핀란드 국민은 세계에서 가장 커피를 많이 마셔서 1인당 매년 12킬로그램의 커피를 소비한대. 핀란드의 국민 요리로는 호밀 가루로 만드는 카렐리아 지역의 대표적인 요리인 카렐리안 파이가 있어. 주로 아침이나 간식으로 많이 먹지. 카렐리안 스튜는 카렐리아식 생선 수프로 부활절이나 크리스마스 같은 특별한 날에만 먹던 귀한 음식이었어. 칼라케이니토, 로히케이토, 마이마로카는 모두 카렐리아식 생선 수프야. 로히케이토는 연어로 만들고 마이마로카는 말린 작은 생선과 양파, 감자를 넣어 끓이지. 칼라케이니토도 보통 연어가 들어가는데 우유를 넣어 국물을 만들어. '빵 치즈'를 뜻하는 핀란드의 전통 치즈인 레이패유스토는 황금빛 갈색을 내기 위해 오븐에서 굽는데, 호밀빵 안에 치즈를 넣어 말리면 수년 동안 먹을 수 있어. 이렇게 만든 치즈는 뜨거운 커피를 부어 카페오스트를 만들어 먹기도 해.

맛있게 먹으면 0칼로리라고!

핀란드의 국민 요리 카렐리안 파이

퀴즈 ❼ 스웨덴계 핀란드인이 살고 스웨덴어를 공용어로 사용하는 핀란드의 자치령은?

8장

산타클로스를 만나러 가요

✿ **주도** 주를 행정 단위로 하는 국가에서 주의 정치, 문화 따위의 중심 도시.
✿ 〈Go Go 카카오프렌즈30 - 체코〉 편의 8장을 참고하세요.

크리스마스가 되면
순록 썰매를 타고
착한 아이들에게 선물을
나눠 주는 산타클로스는
깊은 산속
코르바툰투리에 사는
산타가
로바니에미로 내려와
사람들을 만난다는
전설에서 시작됐는데
핀란드의 마스코트죠.
바로 그곳
산타클로스 마을에
있어요.
헤헷~
나 어릴 때
산타 할아버지한테
편지 보낸 적
있는데!

그 편지는 여러분 뒤에 있는
산타 우체국에 있을 거예요.
산타클로스에게 보내는
전 세계의 편지가
모이는 곳이거든요.
Santa Claus' Main
Arctic Circle – Finland
앗!
깜짝

산타클로스는
지금 어디 있지?
산타의 사무실인
산타 오피스에
있어요.
옆으로 돌아서
쭉 가세요.
산타
우체국
산타 오피스

앗, 저기 봐!
순록 썰매다!
산타클로스 마을엔
순록 썰매뿐 아니라
개 썰매도 있어요.

1년 내내 크리스마스인
산타클로스 마을엔 산타와
관련된 모든 것이 있죠.
우아~
산타 할머니도
만나고 싶어!
퍼즐은
어디쯤 있어?
로바니에미의
순록 머리 도로에서
산타클로스 마을로
오고 있어요.
뒤쪽으로 가면
산타클로스의 부인이
사는 집도 있어요.

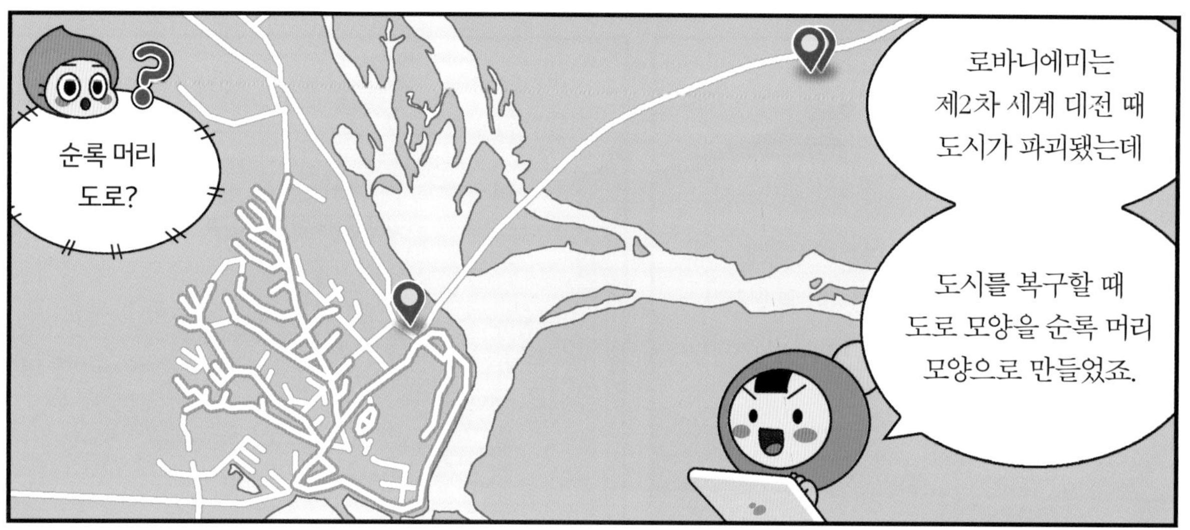
순록 머리
도로?
로바니에미는
제2차 세계 대전 때
도시가 파괴됐는데
도시를 복구할 때
도로 모양을 순록 머리
모양으로 만들었죠.

크크크.
재밌는 아이디어네.
아! 방금 여러분은
북극에 왔어요!
뭐?
갑자기
북극?
멈칫!

여긴
로바니에미라며?
로바니에미
북극권
적도
북극권 경계선이
로바니에미를
지나가거든요.

그 경계선 북쪽이
북극인데
거기 늘어선
붉은 기둥 아래에
북극 경계선이
표시되어 있어요.
앗! 진짜 눈 밑에
하얀 선이 있어!
그럼 여긴
북극이 아니고
여긴
북극이네.
폴짝

산타 오피스는
커다란 눈사람 뒤에 있는
건물이에요.
저기다!
산타클로스가
북극에 산다는 소문을
들은 적이 있는데
진짜였네!
다다다다

1층의 쇼핑몰을 지나
문으로 들어가세요.
꺄~
너무 귀여워!!
쇼핑은
나중에.

퍼즐이
산타 오피스로
가고 있어요.
그런데
줄이 너무 길어.
응? 이 문의
구멍은 뭐지?
산타클로스를
만나러 가는 길은
어두컴컴하네.

앗! 요정들이
선물 포장하고 있다!

이번 크리스마스에
나눠 줄 선물인가 봐!
우리 착한
무지의 선물도
있겠군.
후후.
헤헷~

퍼즐이
방에 멈췄어요!
드디어
우리 차례다!
빨리
들어가자!
안에서 핸드폰이나
카메라는 사용하시면
안 돼요!
야! 뒤로 가!
우다다다
네~

어서 와요,
여러분~
허허허
산타
할아버지!!
와아

크리스마스에
선물 주셔서
감사합니다!
살금
보여?
살금
착한 아이구나.
아니.

질문하는 척
가까이에서 퍼즐을
찾아보세요.
불쑥
부인과는
어떻게 만나셨습니까?
산타 할아버지!
대체 연세가
어떻게 되시죠?
창피해.

질문은 천천히
하나씩…
반짝
반짝
앗! 수염 속에서
뭔가 반짝였다!

이브, 넌
산타클로스 눈을 가려!
그 틈에 내가
저장 장치로…
잠깐! 저기
카메라가 있어!
멈칫!

우리 행동이
다 찍히고 있어.
소곤
소곤
뭐? 하지만
이 안에서는
사진 못 찍잖아!
산타 마을에서 하는
공식적인 촬영은
가능해요.

스륵~
에헴~ 우선
내 나이는…
깜짝
앗! 산타 할아버지가
수염을 쓰다듬는 순간
퍼즐이 튀어나왔어!

가자!
산타 할아버지!
이번 크리스마스에
만나요~
후다닥~

퍼즐이
산타 오피스에서
나왔어요.
앗! 그사이
날이 어두워졌다.
덕분에 산타 마을에
크리스마스 분위기가
더욱 느껴져.
퍼즐이
산타 마을을
돌아다닐 것
같아요.
사박
사박

✿ 〈Go Go 카카오프렌즈 자연탐사 4 - 북극〉 편의 7장을 참고하세요.

가자!!
그 속도라면 금방 퍼즐을
따라잡을 거예요!
부웅~
촤좌작

저기 퍼즐이
간다!
반짝
반짝
어두우니까
잘 보여.
붕~

응!
라이언!
지그재그로 달려!
야!
비켜!
촤악
촤악

안 되겠다!
최고 속도로
달리자!
부웅~
헉!
저 녀석들이
위험한 짓을…

눈이 날려서
앞이 잘 안 보여!
부웅~
조금만 더!
네오, 달려~
샤라랑~

저장했어!!
핀란드 퍼즐도
3개 다 우리가…
됐다!
빼꼼~

팅!!
어?
앗!

콘!
콘이
스노모빌에서
떨어졌다!
눈 쌓인 곳에 빠져서
못 나오고 있어!
쌤통이다~
부웅~
푹!

잘됐어요!
그대로
돌진하세요!
뭐?
콱!
하지만 지금
콘은 도망을
못 가는데…

콘이 다치면
카카오프렌즈는 완전히
힘이 빠질 거예요.
추욱~

그러니 이번 기회에
성가신 콘을 다치게
만들어야죠!
안 돼! 멈춰!
이프, 이브!
붕~
방향을
모르겠네.

으응… 그야
그렇겠지…
하지만…
부웅~

나, 난 못 하겠어.
이프, 네가 해!
휙~
휙~
이브,
네가 해!
휴~ 다행히
이프, 이브가
피해 줬어.

앗! 이프,
너 피했어?
너도?
부들
부들

너, 너 지금 우리한테
야라고 했어?
그래, 했다!
어쩔래?
끼이익!
콘!
쏙!

야!!
깜짝

방금 이프, 이브
이어폰 뚫고 나온
목소리 들었어?
응… 큰 소리로
화내는 목소리…
이프고 목소리야!
너 당장
시간문 열어!
열었으니까
빨리 본부로
기어들어 와!
엉금
엉금

핀란드의 크리스마스 문화

산타클로스와 함께하는 크리스마스

핀란드에서 산타클로스를 만날 수 있다니!

크리스마스는 핀란드에서 큰 명절이야. 크리스마스 휴일이 12월 24일에서 26일까지 3일이나 되는데 사람들은 12월 초부터 크리스마스를 준비해. 크리스마스이브인 12월 24일이 되면 온 가족과 친지가 모여 성대한 잔치를 벌여. 가족끼리 만찬을 즐긴 후에는 함께 크리스마스트리를 장식하고 교회에서 경건하게 보내지. 크리스마스에는 핀란드의 모든 곳이 들뜨고 활기차. 그중에서도 특히 더 분주한 곳이 있는데 바로 북극권의 경계에 있는 도시인 로바니에미야. 로바니에미는 산타클로스가 사는 마을로 유명하지만 사실 산타클로스와 아무런 관련이 없는 곳이었어. 1920년대에 핀란드의 한 라디오 방송 진행자가 "산타가 로바니에미에 산다"라고 말하면서 점점 많은 관광객이 찾아오게 됐다고 해. 그러다 1985년에 로바니에미에 산타클로스 마을이 조성된 거야. 매년 전 세계에서 50만 명 이상의 관광객들이 이곳의 산타클로스를 찾아와 산타클로스와 대화도 나누고 사진도 찍지. 산타클로스로

로바니에미에 있는 산타클로스 마을

뽑힌 사람들은 신비감을 주기 위해 진짜 신분을 철저히 숨긴대. 산타클로스 마을에는 산타클로스 사무실과 우체국이 있어서 전 세계의 아이들이 이곳의 산타클로스에게 편지를 보내. 편지 봉투에 핀란드 산타클로스 마을이라고만 써도 로바니에미의 산타클로스 마을로 전해진다고 해. 산타클로스와 산타클로스를 돕는 요정들은 전 세계에서 오는 어린이들의 편지에 답을 해 줘.

긴 겨울 후 열리는 핀란드의 다양한 축제

핀란드는 긴 겨울이 끝나고 봄, 여름에 중요한 축제들이 열려. 4월 30일부터 5월 1일까지 열리는 바푸는 핀란드에서 가장 큰 봄 축제야. 중세부터 행했던 봄맞이 축제이자 대학생들의 축제이기도 해. 학생들은 졸업 모자를 쓰고 봄을 축하하며 가까운 공원으로 소풍을 가지. 호밀빵에 얹은 짭조름한 청어 절임과 1700년대부터 먹었던 '티팔레이패'라는 바삭한 도넛을 먹어. 하지 축제는 핀란드에서 크리스마스만큼 큰 명절이야. 핀란드의 6월 셋째 주 토요일은 1년 중 해가 가장 길고 밝은 날인 하지로 이때 핀란드인들은 여름을 즐기기 위해 한 달 정도 휴가를 보내. 백야와 여름을 축하하는 불꽃 축제도 전국적으로 열리는데 헬싱키에서는 세우라사리섬에서 열려. 낮에는 핀란드 민속 음악과 춤, 수공예품과 음식 등을 즐기고 밤에는 불꽃이 백야의 하늘을 수놓지. 여름의 마지막을 장식하는 헬싱키 페스티벌은 종합 문화 예술 축제로 매년 8월 말에서 9월 초까지 보름 동안 열려. 북유럽의 가장 큰 문화 축제로, 핀란드 대표 음악가인 잔 시벨리우스를 기리는 음악 축제가 종합 문화 예술 축제로 확대된 거야. 음악, 춤, 영화 등 100여 가지의 다양한 문화 행사가 광장과 교회, 콘서트홀에서 진행돼.

헬싱키 세우라사리섬에서 열리는 불꽃 축제

카카오프렌즈와 함께
세계 여행을 떠나요~
GOGO 카카오프렌즈
핀란드 역사
1809~1917년 러시아의 지배
12C~1809년 스웨덴의 지배
1300년 투르쿠 대성당 건립
1475년 올라빈린나 성 건설
18C 수오멘린나 건설
1812년 투르쿠에서 헬싱키로 수도 이전
1835년 엘리아스 뢴로트 《칼레발라》 발간
1852년 헬싱키 대성당 완
12C
1300
1500
18C
더 알고 싶은
핀란드 역사
12C 핀란드에 스웨덴 세력 확장
1593년 스웨덴과 함께 루터교 국교 채택
1808~1809년 스웨덴과 러시아의 핀란드 전쟁
1860년 핀란드 화폐 마르카 발행
1863년 핀란드어 공용어로 공인

1917년
핀란드 독립 선언
1899년
잔 시벨리우스
〈핀란디아〉 작곡
1939~1940년
겨울전쟁
1941~1944년
계속전쟁
1947년
핀란드
주권 회복
2024년
세계에서 가장
행복한 나라 1위 선정
(7년 연속)
1900
1950
2000
2020
1906년
유럽 최초
여성 참정권 부여
1899년
러시아 니콜라이 2세
러시아화 정책 추진
1919년
카를로 유호 스톨베리
초대 대통령 취임
1918년
핀란드 내전 발발
1995년
EU 가입

그림 출처

145쪽 헬싱키 세우라사리섬에서 열리는 불꽃 축제: 위키피디아 by Roletschek/Roletschek.at

※ 그 밖에 이 책에 실린 사진의 출처는 게티이미지와 퍼블릭도메인입니다.

퀴즈 정답

❶ 백야　❷ 하비스 아만다　❸ 오귀스탱 에렌스베르트　❹ 트롤
❺ 자작나무　❻ 계속전쟁　❼ 올란드 제도　❽ 스노모빌

세계 역사 문화 체험 학습만화

GOGO 카카오프렌즈

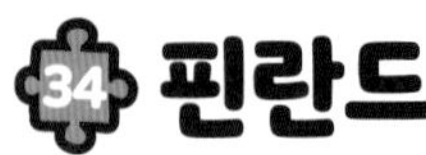

34 핀란드

글 | 김미영　**그림** | 김정한　**정보글** | 최은하
원화 | 주식회사 카카오

1판 1쇄 발행 | 2024년 11월 13일
1판 2쇄 발행 | 2025년 1월 10일

펴낸이 | 김영곤
펴낸곳 | ㈜북이십일 아울북
프로젝트2팀 | 김은영 권정화 김지수 이은영 우경진 오지애
아동마케팅팀 | 장철용 명인수 송혜수 손용우 최윤아 양슬기 이주은
영업팀 | 변유경 김영남 전연우 강경남 최유성 권채영 김도연 황성진
디자인 | 한성미 임민지

출판등록 | 2000년 5월 6일　제406-2003-061호
주소 | (10881) 경기도 파주시 회동길 201(문발동)
전화 | 031-955-2100(대표) 031-955-2177(팩스)
홈페이지 | www.book21.com

ISBN | 979-11-7117-858-2 74900

책 값은 뒤표지에 있습니다.
잘못 만들어진 책은 구입하신 서점에서 교환해 드립니다.

• 제조자명 : (주)북이십일
• 주소 및 전화번호 : 경기도 파주시 문발동 회동길 201(문발동) / 031-955-2100
• 제조연월 : 2025.1.
• 제조국명 : 대한민국
• 사용연령 : 3세 이상 어린이 제품

34권: 산타의 정체는?

〈Go Go 카카오프렌즈〉
외전은 계속됩니다!

APEACH
WANTED
PEAC
RYAN
Hello
TUBE
PEACE